8도의 반가·명가 내림음식

도서출판 질시루

머리말

8도의 반가(班家) · 명가(名家) 내림음식을 펴내며

우리 조상들이 쌓아 온 오랜 경험과 지혜의 산물인 전통음식을 연구·개발하고 널리 알리기 위해 설립된 (사)한국전통음식연구소가 올해로 설립 10주년을 맞이하였습니다. 한국음식의 대중화와 세계화라는 희망의 나무를 키우기 위해 10년이란 세월 동안 열정적으로 달려왔습니다. 그리고 그 과정에서 많은 사람들을 만나고 아름답고 소중한 인연을 이어왔습니다.

이 책도 한국전통음식연구소가 맺어준 소중한 만남의 결과물이라 할 수 있습니다. 사라져 가는 우리 음식을 찾아내고 지키기 위해 각 지방과 집안에 전해져 오는 내림음식을 연구하던 차에, 8도의 반가와 명가에서 뜻을 함께 한 분들이 모임을 만들게 되었습니다. 서로 바쁘고 어려운 일정 속에서 한국전통음식연구소라는 공간에서 만나 함께 연구하고 땀 흘리며 이뤄낸 성과물입니다.

이 책은 전국 팔도의 반가(班家)와 명가(名家)에 전해오는 내림음식 111가지의 비법과 음식에 관한 이야기를 다루고 있습니다. 11명의 저자가 각 집안에 전해져 오는 내림음식 111종의 만드는 법과 유래, 이야기 등을 상세하게 설명하고 있습니다.

여기에 실린 음식들은 화려하지는 않으나 격조가 있으며, 각 집안과 지방의 특색이 그대로 살아 있어 저마다 개성이 넘치는 음식들입니다. 또한 정갈하고 맛깔스러우며 재료 고유의 맛과 향기가 살아있습니다. 음식을 만드는 과정 어느 곳에서도 소홀 할 수 없이 손이 많이 가고 준비하는 이의 정성과 수고가 깃들어 있습니다.

독자여러분들은 이 책을 통해 각 지방과 집안의 음식을 비교할 수 있는 기회가 될 것이며 우리 전통음식의 뿌리 깊은 맛은 급조된 현대판 음식에 비할 바가 아님을 알게 될 것입니다. 또한 우리네 어머니와 할머니들이 어려운 생활 속에서 소박하고 알뜰하게, 아끼고 지켜온 음식과 삶에 대한 철학을 만날 수 있을 것입니다.

글 솜씨가 서툴고 문체가 서로 다르지만 소박하게 써내려간 음식의 내력과 이야기들은 독자여러분께 또 다른 읽는 재미를 줄 것입니다.

여기에 함께 참여한 저를 비롯한 11명의 저자들은 이 책을 만들기 위해 함께 하면서 행복하고 감사한 시간을 갖게 되었습니다. 어린 시절 할머니와 어머니가 해주셨던 음식을 직접 만들어보며, 그 시절이 그리워 때론 눈물도 흘리고 때론 감탄하며 재미있는 추억에 함께 즐거워하였습니다. 하지만 안타까운 것은 어머니들이 돌아가시거나 연세가 너무 드셔서 그 맛을 그대로 재현하기엔 어려움이 많았습니다. 사라져 가는 우리 전통음식의 보존과 계승을 위해 아직도 할 일이 많이 남아 있음을 다시금 깨닫는 계기가 되었습니다.

준비하면서 시간과 공간의 제약으로 여러모로 아쉬운 점이 많지만, 부족한 줄 알면서도 책으로 엮고 아쉬움은 다음을 기약하기로 하였습니다.

끝으로 이 책이 나오기까지 정성과 열정을 함께 쏟아 준 모든 분들께 고마움을 전합니다.
각 집안마다 음식을 조사하고 선별하는 과정부터 음식의 재현과 실험조리의 모든 과정을 함께 해 주신 한국전통음식연구소의 이명숙 원장님를 비롯한 연구원 선생님들, 편집을 맡아주신 인디콤의 식구들, 좋은 사진을 위해 애쓰신 백경호님에게 감사의 말씀을 드립니다.

2008년 5월에

(사)한국전통음식연구소장 윤 숙 자

차 례
8도의 반가·명가 내림음식

경기도 개성 윤 숙 자 고수댁
호박선 14 · 조기애탕 16 · 개성나물 18 · 쇠고기두부지짐 20 · 홍해삼 22 · 돼지고기북어전 24
개성식열무김치 26 · 개성우메기 28 · 개성물경단 30 · 약과 32 · 백자병 34

평안도 안주 김 왕 자 선생댁
마른밤죽 40 · 평양온반 42 · 명태식해비빔냉면 44 · 평양식메밀만두전골 46 · 순대 48
차조뽕잎인절미 50 · 무범벅 52 · 노티 54 · 복령조화고 56 · 온조탕 58

경상도 영주 김 영 희 선생댁
두부장떡 64 · 광저기인삼영양밥 66 · 곤대국 68 · 오이뱃두리 70 · 마두부찜 72
생콩가루북어찜 74 · 장포 76 · 송기떡 78 · 두부경단 80 · 인삼정과 82

전라도 해남 김 덕 녀 선생댁
삼합죽 88 · 백김치보쌈말이 90 · 전계아법 92 · 한방오골계탕 94 · 행적 96
더덕좌반 98 · 모점이법 100 · 동지 102 · 쉰박지 104 · 해물쉰박지 106

충청도 논산 박 수 분 선생댁
어죽 112 · 묵밥 114 · 대추약편 116 · 대추인절미 118 · 귤병단자 120
건시단자 122 · 연사라교 124 · 묘화산자 126 · 삼색강정 128 · 새송이정과 130

경상도 대구 박 순 애 선생댁
돔배기견과류찜 136 · 상어두치 138 · 경산도식즙장 140 · 도토리잘시루떡 142 · 어름소편 144
사과설기와 단자 146 · 살구떡 148 · 강반 150 · 도라지 · 구기자연근정과 · 다시마정과 152 · 석감주 154

황해도 연백 신 봉 금 선생댁
북어죽 160 · 서미채소밥 162 · 삼색어알탕 164 · 서여탕 166 · 월과채 168
육포 170 · 약밥 172 · 유자단자 174 · 오쟁이떡 176 · 육포다식 178

전라도 완주 윤 왕 순 선생댁
김치만두 184 · 콩비지 186 · 북어녹두전 188 · 어육장 190 · 동충하초간장 192
표고간장 194 · 찹쌀된장 196 · 사골된장 198 · 찹쌀고추장 200 · 육포고추장 202

충청도 제천 이 연 순 선생댁
메밀꼴두국수 208 · 팽계법 210 · 메주속장 212 · 조기머리다림젓 214 · 혼돈병 216
찰옥수수범벅 218 · 수수부꾸미 220 · 약초떡 222 · 수수조청 224 · 콩엿 226

경기도 안양 정 은 수 선생댁
칠향계 232 · 돼지고기묵 234 · 감국숙채 236 · 청포묵부침개 238 · 장짠지 240
포도약밥 242 · 권전병 244 · 도라지조청 246 · 창포식초 248 · 귀계장 250

전라도 함평 조 현 선 선생댁
애저찜 256 · 홍어애탕 258 · 편적 260 · 강주 262 · 감국주 264
토종주 266 · 보름주 268 · 하수오주 270 · 급주(동방주) 272 · 매실약주 274

참고문헌 276
찾아보기 277

할머니와 어머니의 사랑이 담긴
어린 시절의 음식을 만들어 보며 행복했습니다.

8도의 반가·명가 내림음식

지은이 **윤숙자 외 10인**

전국 팔도의 반가(班家)와 명가(名家)에 전해오는
내림음식 111가지의 비법과 음식에 얽힌 이야기

이 책을 읽기전에

· 이 책은 크게 집안 내력, 내림음식 만드는 방법, 음식이야기의 세 가지로 구성되어 있습니다.
· 음식 만드는 방법은 조사와 실험조리를 통해 계량화(g) 하였습니다.
· 음식 이야기는 집안 내림음식의 역사와 유래, 경험과 음식 철학을 담았습니다.

경기도 개성 **윤 숙 자** 교수

(사)한국전통음식연구소장, 떡박물관장
배화여자대학 전통조리학과 교수, 전국대학조리학과교수협의회장 역임
대한민국 명장(조리부문) 심사위원, 전통식품명인 심사위원장(농림수산식품부)
2002 고품질 쌀 생산 소비추진 공로 대통령 표창
2005 APEC 정상회담 한국궁중음식특별전 개최
2007 뉴욕 UN본부 한국음식페스티벌 주최
2007 남북 정상회담 만찬 자문 위원
2007 한국농식품 수출기여 공로 대통령훈장 '철탑산업훈장' 수상
2008 프랑스 파리 Korea Food Festival in UNESCO 운영
2009 중화인민공화국 건국 60주년 기념 '한국 미식의 밤' 운영
2010 베트남 · 태국 국경일 기념 한식세계화 홍보행사 운영
2011 해외 7개국(일본,중국,뉴욕,L.A,파리,런던,홍콩) 한식요리강사 업그레이드교육 주관

음식에 대한 호기심으로 가득했던 유년 시절

나의 고향은 개성이다. 내가 태어난 곳은 개성에서 약 13킬로미터쯤 남쪽으로 떨어져 있는 마을로 지금은 가고 싶어도 갈 수 없는 곳으로, 아름답고 평화로운 곳이다.

넓은 대청마루와 마당이 있는 집은 늘 집안의 대소사와 손님접대로 음식을 만드느라 분주하였고, 아버지가 대청 대들보에 매달아 주신 그네를 타고 호기심 어린 눈으로 음식 만드는 광경을 지켜보는 것은 커다란 즐거움이었다.

어려서부터 음식에 대한 호기심이 남달랐던 나는 어머니가 음식을 하실 때면 늘 곁에 붙어서 지켜보곤 하였다. 먹거리가 풍족하지 못했던 시절이라 어린 마음에 옆에서 콩고물이라도 얻어먹을 생각이 컸지만, 모처럼 집안에 행사가 있어 온갖 재료를 늘어놓고 음식을 완성해 가는 어머니의 모습이 무척이나 신기했다.

그때는 음식을 만드는 갖가지 재료와 도구들을 구경하는 재미와 음식을 할 때 부엌에서 나는 냄새가 좋았다. 또한 음식이 완성된 뒤에 맛보는 것이 그렇게 행복할 수가 없었다. 명절이나 제사 때가 되고, 장을 담그거나 김장 하는 날은 호기심 가득한 나에게 일 년에 몇 안 되는 즐거운 축제이자 잔치였다. 고춧가루와 갖은 양념이 버무려진 김장 속을 싸 먹는 재미에 속이 아린 줄도 몰랐고 어머니가 가마솥에 엿을 고으면 부뚜막에 올라앉아 조청이 되고 엿이 되는 과정을 지켜보며 얼마나 재미가 있었는지 모른다.

전통음식의 전수자, 어머니

어머니는 워낙 손이 야무지고 음식솜씨가 뛰어난 분이셨다. 종갓집의 큰살림을 어려움 없이 해내신 분으로, 그 당시 드물게 신교육을 마치고 초등학교에서 교편을 잡으신 분이었다. 어릴 적 기억에도 어머니는 항상 흐트러짐 없는 단아한 모습을 지니셨다.

집안 마당 한 쪽에는 간장, 된장, 고추장을 담아둔 반질반질한 장독대와 어머니의 부엌이 있었다. 어머니는 "한 집안의 살림은 장독과 부엌에서 나온다. 음식 맛은 장맛으로부터 시작된다."고 하시며 늘 장독과 부엌관리에 신경을 쓰셨다. 아침을 치우고 설거지가 끝나면 행주로 가마솥을 정성을 다해 닦으셨다. 가마솥은 3개가 있었는데 큰 가마솥은 겨울에 씻을 물을 끓이고 중간 솥은 밥할 때, 작은 가마솥은 국을 끓일 때 쓰셨다. 가마솥과 장독대는 얼마나 열심히 닦았는지 반질반질 윤이 나고 얼굴이 비칠 정도였다. 또한 어머니는 항상 제철의 재료를 가지고 음식을 하셨는데 "양념 맛이 아니라 재료의 순수한 맛이 음식의 정수다." 라고 하시며 "음식은 강한 양념의 맛을 배제하고 오직 재료의 신선함으로 깊고 진한 맛을 내야, 먹을수록 제대로 맛을 음미할 수 있다."고 하셨다. 지금 와 생각해보면 어머니가 해주시던 정갈한 음식이 그야말로 자연식이자 건강식이며 요즘 추구하는 웰빙 음식이라는 생각이 든다.

그렇게 어머니는 나에게 30여 년간 음식의 스승이 되신 분이다. 어려서부터 나는 어머니를 통해 재료 자체의 소중함을 자연스럽게 터득하였고, 우리음식의 멋과 운치 그리고 음식을 만드는 이의 마음가짐과 정성뿐만 아니라 먹는 이를 배려하는 마음을 자연스럽게 몸에 익히게 되었다.

왼쪽이 젊은날의 어머니

"어머니는 워낙 손이 야무지고 음식솜씨가 뛰어난 분이셨다. 종갓집의 큰살림을 어려움 없이 해내신 분으로, 그 당시 드물게 신교육을 마치고 초등학교에서 교편을 잡으신 분이었다. 어릴 적 기억에도 어머니는 항상 흐트러짐 없는 단아한 모습을 지니셨다. 어머니는 나에게 30여 년간 음식의 스승이 되신 분이다. 어려서부터 나는 어머니를 통해 재료 자체의 소중함을 자연스럽게 터득하였고, 우리음식의 멋과 운치 그리고 음식을 만드는 이의 마음가짐과 정성뿐만 아니라 먹는 이를 배려하는 마음을 자연스럽게 몸에 익히게 되었다."

어머니가 주신 손가락의 상처는 내 삶의 비타민 C

4남매 중 막내여서 그러셨는지 아니면 음식 하는 것을 몹시 좋아했던 딸이 귀여워서인지 엄하셨던 어머니는 위 형제들보다는 나에게 관대하셨다. 하지만 그런 나에게 어머니가 주신 상처가 아직까지 남아있다. 어느 날인가 그 날은 어머니가 무슨 일로 늦게 들어오셔서 아주 늦은 저녁을 준비하셨다. 그때는 전기가 없을 때라 어두컴컴한 부엌에서 등잔불을 켜고 급하게 무엇인가를 칼로 썰고 계셨는데 그때도 여느 때와 같이 어머니 곁에 쪼그리고 앉았다가 배도 고프고 해서 썰어 놓은 채소를 집어 먹으려고 손을 내밀다가 그만 어머니가 쓰시던 칼에 손을 크게 베이고 말았다. 그땐 하도 놀라서 어떻게 치료를 했는지 기억이 없지만, 피가 뚝뚝 떨어지는 나의 손을 보고 어머니는 크게 놀라 얼굴이 하얗게 변하셨다. 그 상처는 세월이 많이 흘렀음에도 아직까지 선명하게 남아있다. 하지만 지금의 나에게 두 번째 손가락의 긴 흉터는 어머니를 추억하는 상징이 되었고, 어렵고 힘들 때 나에게 활력을 주는 비타민 C같은 존재가 되었다.

최근 몇 년간 사람들은 나에게 '한국음식의 세계화'에 대한 이야기를 많이 물어왔다. 그간 짧지 않은 시간동안 '한국음식'이라는 화두를 붙잡고 살았기 때문일까? 지금 와서 가만히 생각해보면 한국음식이 내 삶의 화두가 되었던 것은 한국음식의 대중화나 세계화 같은 거창한 이유나 사명감보다는 어린 시절부터 가져왔던 음식에 대한 호기심과 전통음식을 자연스럽게 몸에 익히게 해 준 나의 어머니 때문이었던 것 같다.

경기도 개성
윤숙자 교수댁 내림음식

호박선
조기애탕
개성나물
쇠고기두부지짐
홍해삼
돼지고기북어전
개성식열무김치
개성우메기
개성물경단
약과
백자병

8도의 반가(班家)·명가(名家) 내림음식, 윤숙자

名家 호박선

| 재료 및 분량 |

애호박 600g, 쇠고기(다진것) 100g, 두부 100g, 홍고추 5g
고기양념장 : 간장 3g, 소금 1g, 설탕 5g, 참기름 2g, 다진 파 4.5g
다진 마늘 3g, 후춧가루 0.5g, 깨소금 1g

| 만드는 방법 |

1. 애호박은 3cm 길이로 잘라 자른 면을 깊이 1.5cm 크기의 반원형으로 파낸다.
2. 쇠고기 다진 것은 핏물을 제거하여 고기양념장으로 버무린다.
3. 홍고추는 가로, 세로 0.1cm 크기로 다져 고기 양념한 것과 함께 버무린다.
4. 애호박의 파낸 곳에 고기를 소담하게 채워 김 오른 찜통에 8분간 쪄낸다.

호박선 이야기

커다란 호박잎 사이사이로 언뜻 고개를 내미는 잘 익은 애호박을 따서, 잘라 가운데 속을 파고 양념한 고기를 소담히 채워 쪄 먹는 음식이다.

농촌에서 어디서나 쉽게 구할 수 있는 식재료로 싱그러운 애호박은 된장찌개는 물론, 고급스러우면서 아름다운 호박선, 밀전병과 함께 얇게 채썰어 무쳐낸 월과채, 애호박을 반달 모양으로 썬 호박나물 등의 음식을 만들 수 있다.

정감 있고 울퉁불퉁 세월의 무늬가 느껴지는 늙은 호박은 오래 푹 끓여 찹쌀과 풋콩을 넣고 호박죽을 만들며, 호박을 납작하게 썰어 버무린 호박김치는 익혀 시어지게 한 뒤 호박김치찌개를 만들어 먹는다.

호박은 어떤 음식을 만들어도 어울린다.

8도의 반가(班家)·명가(名家) 내림음식, 윤숙자

名家 조기애탕

|재료 및 분량|

조기 500g, 쑥 100g, 쑥갓 20g, 청·홍고추 10g, 대파 20g, 국멸치 30g
다진 마늘 16g, 청장 18g, 계란 55g
완자 양념 : 다진 파 14g, 다진 마늘 3g, 생강즙 3g, 후춧가루 1g

|만드는 방법|

1. 조기는 비늘을 긁어내고 지느러미와 내장을 제거한 후 깨끗이 씻어 세 토막으로 자른다.
2. 냄비에 국멸치를 넣고 잠깐 볶다가 물을 붓고 끓여 육수를 만든다.
3. 쑥은 깨끗이 씻어 끓는 물에 살짝 데쳐 내어 찬물에 헹궈 물기를 짠 후 곱게 다진다.
4. 청·홍고추와 대파는 어슷썰기 한다.
5. 조기머리는 아가미와 주둥이를 제거하고 분쇄기에 곱게 갈아 완자 양념을 한 후 다진 쑥과 함께 지름 1.5cm 크기로 완자를 빚는다.
6. 완자는 밀가루를 입히고 계란 흰자를 씌운 다음 달구어진 팬에서 중불에 지져낸다.
7. 냄비에 육수를 붓고 끓어오르면 조기의 나머지 토막과 완자를 넣고 다진 마늘을 넣는다.
8. 국이 다 끓으면 청장으로 간하고 쑥갓, 청·홍고추 대파를 넣는다.

조기애탕 이야기

어머니께서는 4월경 따뜻한 봄날이 되면 조기를 사러 가신다. 4월이 되면 조기가 알을 배서 통통하고 살이 많이 올라 일 년 중 제일 맛이 있다고 하셨다. 그때는 조기를 구입할 때 1~2마리가 아니고 한 가마니씩 일 년 양식으로 사신다. 옛날에는 짚으로 가마니를 만드는데, 쌀가마니 만하게 짜서 여기에 조기를 가득 넣어 사 오셨다. 사 온 조기를 어머니와 할머니는 소금에 절일 것과 맑은 조기애탕국 끓일 것으로 나누어 놓으신다. 조기의 크기가 작은 것들은 맑은 국을 끓이시고 나머지 큰 조기는 모두 소금에 절인다. 잘 절여진 조기는 마당 가운데에 있는 빨랫줄에 코를 걸어 나란히 매달아 놓는다.

조기 코에 걸 철사는 아버님께서 미리 만들어 놓으셨다. 철사를 적당한 길이로 잘라서 S자 모양으로 만들어 한 쪽에 조기코를 걸어서 빨랫줄에 나란히 걸어 놓으면 꾸덕꾸덕 잘도 마른다. 잘 말려진 조기는 항아리에 차곡차곡 담고 뚜껑을 덮어 보관한다. 그냥 놔두면 파리가 꼬여서 안 된다고 해마다 항아리에 보관하신다. 어린 쑥을 뜯어다가 삶아 다지고, 조기머리 다진 것과 같이 섞어 완자를 빚어 국에 넣고 끓인 맑은 조기국은 너무나 맛이 있었다.

8도의 반가(班家)・명가(名家) 내림음식, 윤숙자

名家 개성나물

| 재료 및 분량 |
무 300g, 미나리 50g, 숙주 200g, 곶감 50g, 소금 12g
미나리 · 숙주 양념장 : 다진 파 4.5g, 다진 마늘 5.5g, 참기름 13g, 소금 4g
무양념 : 식용유 13g, 마늘 5.5g, 참기름 4g

| 만드는 방법 |
1. 미나리는 깨끗이 씻어 살짝 데쳐 냉수에 담가 식힌 후 6cm 길이로 자른다.
2. 숙주는 뜨거운 물에 살짝 데친 다음 체에 걸러 식힌다.
3. 미나리와 숙주를 양념장으로 버무린다.
4. 무는 숙주 두께로 채 썰어 소금에 살짝 절인 후 달구어진 팬에 무양념을 넣고 볶아 아삭하게 볶아낸다.
5. 곶감은 씨를 제거한 후 숙주 두께로 채 썬다.
6. 세 가지 나물과 곶감을 섞어 무쳐낸다.

개성나물 이야기

어린 시절, 찬 바람이 느껴지기 시작하는 가을이 되면 감이 익기를 바라며 시간을 보냈다. 마을 뒷산 감나무에서 좀 일찌감치 딴 땡감은 말려서 곶감을 만들고, 시간이 지나 알맞게 익은 것은 단감으로 먹고, 좀 더 익으면 홍시로 먹었다. 감은 가을이 주는 소중한 간식이자 풍요의 상징이었다. 북쪽지방에서는 춥고 배고픈 겨울에 양식으로 먹으려고 남겨놓았던 곶감을 이용하여 나물을 해먹기도 하였다.

개성음식은 모양 하나하나 정성이 많이 가고 화려한 것이 특징인데, 개성나물 또한 보통의 나물보다 색스럽고 화려하다. 개성나물은 가을철 말린 곶감을 곱게 채 썰어 무, 미나리, 숙주와 함께 맛깔스럽게 무쳐낸다. 무의 담백한 맛과 미나리의 향, 데쳐 놓으면 아삭아삭한 숙주에 곶감이 어우러져 신선한 채소를 먹기 어려운 겨울철에 입맛을 돋우게 한다.

8도의 반가(班家)·명가(名家) 내림음식, 윤숙자

名家 쇠고기두부지짐

|재료 및 분량|

쇠고기(등심) 200g, 두부 450g, 소금 6g, 잣가루 5g
쇠고기양념장 : 간장 6g, 소금 2g, 설탕 12g, 참기름 4g, 다진파 7g
다진마늘 5.5g, 후춧가루 0.5g, 깨소금 1g

|만드는 방법|

1. 쇠고기는 면보로 핏물을 제거한 후 가로 · 세로 5cm, 두께 0.3cm로 썰어 양념장에 재워둔다.
2. 두부는 가로 · 세로 4cm, 두께 1cm 크기로 썰어 소금을 뿌려 물기를 제거한다.
3. 달구어진 팬에서 중불에 쇠고기를 먼저 굽기 시작하여 양념물이 생기면 두부도 함께 노릇노릇하게 부쳐낸다.
4. 부쳐낸 두부 위에 쇠고기를 올리고 잣가루를 뿌려 담아낸다.

～ 쇠고기 두부지짐 이야기 ～

개성은 옛 고려시대의 도읍지였던 영향으로 서울, 전주와 더불어 우리나라에서 음식이 가장 호화롭고 다양하기로 이름난 고장이다. 경기도는 밭농사와 논농사가 골고루 발달했으며 서해안에서는 해산물을 얻고 산간에서는 산채를 얻어 여러 가지 식품재료가 생산되는 곳이다. 개성음식의 호화로움은 궁중요리에 비길만하여 음식이 공이 많이 들고 재료도 여러 가지를 고루 섞어서 만든다. 간은 세지도 약하지도 않고 서울과 비슷한 정두이다. 집안 대대루 개성에서 뿌리를 내리고 살아왔기 때문에 우리 집안의 음식은 개성음식의 특성이 그대로 전해져 내려오고 있다.

명절날이 되면 어머니는 쇠고기에 두부를 부쳐 지져 주셨는데, 귀한 음식은 언제나 아버지와 오빠가 우선이었고 내 차례까지는 오랜 기다림이 필요했다. 그때의 기억 때문인지 쇠고기 두부지짐을 할 때면 항상 넉넉하게 음식을 하게 된다.

8도의 반가(班家)·명가(名家) 내림음식, 윤숙자

名家 홍해삼

| 재료 및 분량 |

불린 해삼 100g
건홍합 100g
쇠고기(우둔) 300g
쇠고기양념장 : 간장 17g, 소금 5g, 설탕 13g, 다진파 10g, 다진 마늘 10g, 깨소금 6g, 후춧가루 2g, 참기름 12g
두부 500g, 두부양념 : 소금 2.5g, 참기름 8g
달걀 210g, 식용유 70g
초간장 : 간장 17g, 식초 2.2g, 설탕 2g, 잣가루 5g

| 만드는 방법 |

1. 불린 해삼은 길이로 잘라서 내장을 빼내고 속은 깨끗이 씻고, 건홍합은 물에 불린다.
2. 쇠고기는 곱게 다져 쇠고기 양념을 하고 두부는 물기를 빼고 체에 내려 소금과 참기름을 넣고 쇠고기와 함께 주물러 섞는다. 해삼과 홍합은 각각 준비한 쇠고기 가운데 길게 넣고 둥글게 꼭꼭 싸서 밀가루를 묻혀 20분 정도 김 오른 찜통에 찐다.
3. 쪄서 식힌 다음 밀가루를 묻히고 달걀은 황백으로 나누어 해삼에는 흰자를, 홍합에는 노른자를 씌워 달구어진 팬에 식용유를 넣고 굴려가며 지진다.
4. 식으면 1cm 두께로 도톰하게 썰어 담고, 초간장과 함께 낸다.

*홍합과 해삼을 싸서 남녀의 구별을 보여주는 음식이다.

홍해삼 이야기

홍해삼은 다진 고기에 갖은 양념을 하여 둥글게 빚은 다음 홍합과 해삼을 하나씩 박아 쪄내고, 홍합에는 달걀 흰자위, 해삼에는 노른자위를 씌워 지져낸 음식이다. 여기서 홍합은 여성, 해삼은 남성을 상징한다.

집안에 일이 있을 때마다 어머님은 홍해삼과 주악, 물경단, 약과, 강정, 조랭이떡, 신선로 등을 하셨다.

홍해삼을 만드실 때면 항상 건홍합과 건해삼은 작은 시장에는 없어 지금의 중부시장을 다니셨다. 그 당시 홍합은 대나무 꼬치에 꿰어서 짚으로 5개씩 묶어서 가방같이 만들어 팔았다. 지금도 짚 대신 비닐끈으로 묶어 파는 곳이 있다. 홍합과 해삼은 늘 마른 것을 사다가 불려 사용하였다. 지금도 홍해삼을 하면 마른 것을 시디가 불려서 한다. 그래야 익는 도중에 불이 생기지 않아 보숭보숭하게 쪄질 수 있다. 어머니는 늘 밤을 지새우면서 홍해삼을 하셨는데 주먹만 하게 타원형으로 빚어서 아래쪽에 홍합과 해삼이 살짝 보이게 넣고 잘 만져서 밀가루를 씌워서 찜통에 찌셨다. 홍합을 속에 넣은 재료는 밀가루를 풀어서 달걀물을 넣고 노랗게 만들어 가마솥 뚜껑을 연탄화덕에 뒤집어 놓고 돼지비계로 뚜껑을 문지르면서 노란색의 밀가루즙을, 해삼은 흰색의 밀가루즙을 조금씩 부어가면서 손바닥이 빨갛게 될 때까지 지져서 채반에 수북하게 담으셨다. 어려웠던 시절이라 연탄화독을 썼고 그 다음에 석유곤로, 가스의 순으로 불을 이용하였다.

8도의 반가(班家)·명가(名家) 내림음식, 윤숙자

名家 돼지고기북어전

|재료 및 분량|

돼지고기(삼겹살) 200g, 북어 70g, 계란 55g, 밀가루 95g
물 400g, 소금 12g
향채 : 파 20g, 마늘 10g, 양파 30g
양념장 : 다진 파 14g, 다진 마늘 3g, 소금 4g, 참기름 13g
　　　　후춧가루 0.5g, 깨소금 2g

|만드는 방법|

1. 돼지고기는 향채를 넣어 삶아 낸 후 두께 0.3cm, 길이 3cm로 썰어 양념장 분량의 ½량으로 재운다.
2. 북어는 머리, 꼬리, 시느러미를 제거하고 물에 잠깐 담갔다 건져 면보에 싸둔다.
3. 불린 북어를 가로, 세로 3cm 크기로 잘라 양념 분량 ½량으로 재운다.
4. 밀가루에 물과 소금을 넣어 반죽한다.
5. 달구어진 팬에 기름을 두른 후 중불에서 밀가루 반죽을 얇게 편 후 북어를 한 켜 올리고 위에 다시 밀가루 반죽을 부어 지져낸다.
6. 북어를 다 부치고 난 후 나머지 반죽에 계란을 풀어 반죽한다.
7. 북어와 같은 방법으로 돼지고기를 부쳐낸다.
8. 먹기 좋은 크기로 썰어 초간장과 함께 접시에 담아낸다.

❧ 돼지고기 북어전이야기 ❧

예전에 우리나라에서는 지역에 따라 돼지고기를 해로운 것이라 인식하기도 해서 돼지고기 음식이 크게 발달하지 못하였다. 중국의 영향을 받은 지금의 북만주 일대인 이북지방과 제주도 지역에서만 돼지고기가 발달한 것도 이 때문이다. 그래서 육류는 주로 쇠고기를 먹었지만, 차츰 인식이 변하면서 돼지고기도 중요한 잔치와 자리에는 빠지지 않던 음식 중의 하나가 되었다. 돼지의 냄새를 없애기 위해서 돼지고기 구이나 볶음에는 간장, 설탕, 참기름, 깨소금, 파, 마늘, 후춧가루의 기본 일곱 가지에 생강과 술을 넉넉히 넣었고, 돼지의 껍질이나 뼈도 모두 구이와 족편으로, 돼지고기 편육은 새우젓이나 겨자즙을 곁들여서 먹었다. 삶은 돼지고기를 얇게 포 떠서 가루집에 넣고 북어와 부친돼지고기, 북어전유어는 추운 이북지방에서 겨울에 즐기는 별미음식이다. 돼지고기 북어전은 출출할 때 구워 먹으면 녹두 빈대떡보다 훨씬 맛이 있다.

8도의 반가(班家)·명가(名家) 내림음식, 윤숙자

개성식열무김치

|재료 및 분량|

열무(연한 것) 400g, 풋배추 200g, 굵은 소금 30g
오이(어린 것) 300g, 굵은 소금 23g
홍고추 45g, 청고추 45g, 실파 25g, 마늘 25g, 생강 5g, 고운 소금 5g
부추 20g, 파 40g, 마늘 15g, 생강 5g, 고춧가루 7g, 고운 소금 2g
밀가루 풀국 : 물 600g, 밀가루 21g, 고운 소금 10g

|만드는 방법|

1. 열무와 배추는 깨끗이 씻어 4~5cm 길이로 썰고 굵은 소금을 뿌려 살짝 절인 다음 씻어 건진다.
2. 오이는 소금으로 문질러 씻고 6cm 길이로 자른 다음 양 끝에 1cm 정도 남기고 세 군데를 길이로 칼집을 넣어 굵은 소금물에 30분 정도 절인 다음 물기를 짠다.
3. 홍고추와 청고추는 어슷썰기 하고 실파는 3~4cm 길이로 썬다. 분마기에 홍고추 2개와 마늘, 생강을 함께 넣고 갈아서 열무김치양념을 만든 다음 열무와 풋배추를 넣고 버무린다. 부추는 0.5cm 길이로 자른 다음 마늘, 생강, 고춧가루와 소금을 넣어 오이소 양념을 만든 다음 오이 속에 넣는다.
4. 열무와 오이를 항아리에 켜켜이 담고 꼭 누른다.
5. 밀가루 풀국을 끓여 물을 타서 간을 맞추어 항아리에 붓는다.

개성식열무김치 이야기

날씨가 무척이나 더운 여름날 큰 자배기에 열무가 가득 담겨있다. 그 옆에는 오이와 부추, 홍고추, 청고추 등 양념거리가 한 가득 담겨있다. 어머니는 열무를 다듬는데 뿌리부분은 다듬는데 만 칼을 쓰고 나머지 줄기부분은 손으로 먹기 좋은 크기로 뚝뚝 자르신다. 열무를 칼로 자르면 맛이 없다고 하시면서 열무를 다듬으셨다. 조리과학적으로 금속성을 대지 않는 것이 더 맛있다는 원리를 어머니께서는 경험으로 아신듯하다. 열무김치가 잘 익으면 우리는 평상에 모닥불을 펴 놓고 하늘의 별을 보며 삶은 감자와 함께 열무김치를 먹었는데, 어린 우리에게 그것은 여름밤의 커다란 즐거움이었다. 감자를 구울 때 모닥불을 피지 않으면 파리와 모기, 하루살이들이 모여 들어 감자를 먹기가 힘들었고 잘못하면 열무김치 국물에 모기와 하루살이가 빠질 때도 있었다. 열무김치를 버무릴 때면 항상 오이소박이를 같이 만들어 열무김치 옆에 넣고 같이 담으셨다. 열무의 쌉쌀한 맛과 오이의 시원한 맛이 같이 어우러진 여름철 별미김치이다.

8도의 반가(班家)·명가(名家) 내림음식, 윤숙자

名家 개성우메기

| 재료 및 분량 |

찹쌀가루 300g, 멥쌀가루 50g, 소금 2g, 탁주 100g, 설탕 12g
대추 15g, 식용유 280g
집청꿀 : 설탕 160g, 물 200g, 꿀 150g

| 만드는 방법 |

1. 찹쌀가루와 멥쌀가루에 소금을 넣고 체에 내린 후 탁주와 설탕을 넣고 반죽한다.
2. 반죽을 직경 5cm 정도의 크기로 동글납작하게 빚어 가운데를 눌러 자국을 낸 다음 대추 썬 것을 가운데 박아서 장식한다.
3. 기름을 두른 팬에 반죽을 지지거나 100℃의 기름에 한 번 튀기고 150℃에서 잠시 더 튀겨낸다.
4. 설탕과 물을 넣고 끓이다가 꿀을 섞어 집청꿀을 만든다.
5. 집청꿀에 우메기를 집청한 후 접시에 담아낸다.

*개성우메기는 개성주악이라고 불리기도 한다.
*멥쌀가루를 넣는 이유는 모양을 유지하기 위해서이다.

개성우메기 이야기

개성우메기를 만드실 때면 집안이 분주해지기 시작한다. 찹쌀가루에 밀가루를 섞어 막걸리로 반죽을 하였다. 반죽이 되서 힘들었는데 물을 넣으면 안 된다며 그대로 주무르라고 하셨다. 주무르다보니 어머니 말씀대로 잘 뭉쳐졌다. 어린아이 손바닥만하게 둥글게 빚어 놓으면 어머니는 가마솥 뚜껑을 덮어서 연탄불이나 석유곤로 위에 올려놓으시고 튀김 팬으로 쓰셨다. 그 당시에는 쇼트닝 또는 미강유라는 기름을 많이 썼는데, 솥뚜껑 위에 기름을 조금 넣고 지지듯 튀겼다. 요사이 만드는 우메기는 작고 예쁘게 크기를 많이 줄여서 만들지만 어머니는 하나만 먹어도 배가 불룩 올라오게 크게 만드셨다. 아이들도 많았지만 워낙 개성 음식이 크고 소담스러워서 크게 만드신 것 같다. 오래 두고 먹어도 상하지 않는 떡이라 식구 모두가 좋아했다.

8도의 반가(班家)·명가(名家) 내림음식, 윤숙자

名家 개성물경단

| 재료 및 분량 |

찹쌀가루 800g, 멥쌀가루 200g, 소금 12g
붉은팥 330g, 소금 6g, 설탕 80g

| 만드는 방법 |

1. 찹쌀가루와 멥쌀가루를 섞고 분량의 소금을 넣어 체에 내린다.
2. 체에 내린 쌀가루를 끓는 물로 익반죽하여 직경 2.5cm로 경단을 빚듯이 동글동글하게 빚는다.
3. 팥은 깨끗이 씻어 물을 조금 잡아 한 번 끓으면 물을 버리고, 다시 새 물을 넣고 푹 삶아 팥물이 자작해지면 소금과 설탕을 넣어 간을 맞춘 다음, 경단을 넣고 약한 불에서 팥물이 경단에 배도록 은근히 끓인다.
4. 경단이 익으면 주걱으로 고루 저어 팥물이 고루 잘 스며들도록 한다.

*팥물이 경단에 잘 스며들도록 약한 불에서 오래 끓여야 부드럽고 맛이 좋다.

∽ 개성물경단 이야기 ∽

어머니는 무더운 여름철을 제외하고는 물경단을 만들어 놋으로 된 합에 담아 항상 아랫목에 놓고 굳지 않게 이불을 덮어 놓으셨다. 우리들이 학교에 갔다 오면 오빠들은 주발에, 언니와 나는 바리에 담아 쟁반에 받쳐 수저와 함께 주셨다.

물경단을 만들려면 먼저 팥을 삶아서 체에 내려서 면자루에 넣고 짜서 말리신다. 내가 어렸을 때 팥 앙금을 말리기 위해 연탄을 사용하기 시작하면서는 연탄재를 밟아서 편편하게 펴놓고 그 위에 신문과 면 보자기를 깔고 팥 앙금을 말리셨다. 연탄재가 앙금에 남아 있는 수분을 잘 빨아들이기 때문에 아주 잘 말랐다. 7번 정도 반복하는데 왜 그러냐고 여쭈니 색이 고와지고 부드럽게 되기 때문이리고 했다. 이렇게 나는 팥가루를 경아가루라고 하는데 팥가루와는 다르게 색이 검다. 물경단을 만드는 날은 어머님이 바쁘게 움직이신다. 찹쌀가루를 끓는 물로 반죽하고 경단을 빚는다. 어머니는 경아가루에 간장과 계피, 참기름을 넣고 싹싹 비벼 놓으시고 경단을 삶아서 찬물에 헹구고는 조청에 담그셨다가 경아가루를 묻힌다.

지금의 경단은 고물이 보슬보슬하지만 물경단은 경단을 조청에 담갔기 때문에 축축하게 쪘다. 합에 경단을 한 켜 담고 가끔은 조청을 떠 넣고 다시 경단을 넣었다. 이 물경단은 많이 하지는 못한다. 굳으면 그릇에 담고 중탕을 해야 되는데 중탕을 하면 죽처럼 되어 모양새가 안 좋기 때문이다.

8도의 반가(班家)·명가(名家) 내림음식, 윤숙자

名家 약과

| 재료 및 분량 |

밀가루(박력분) 200g, 참기름 36g, 꿀 63g, 청주 30g
소금 30g, 생강즙 124g, 흰후춧가루 0.5g, 계피가루 1g
집청 : 꿀 290g, 계피가루 2g, 유자청 140g
잣 20g, 식용유 280g

| 만드는 방법 |

1. 밀가루를 체에 내려서 참기름을 넣고 손으로 고루 비벼 체에 내린다.
2. 꿀과 청주, 소금, 생강즙, 흰후춧가루, 계피가루를 한데 혼합하여 고루 섞은 후 밀가루에 넣고 뭉치듯이 가볍게 반죽한다.
3. 약과틀에 반죽을 떼어 엄지손가락으로 꼭꼭 눌러 박아서 기름이 잘 스며들도록 뒷면에 대꼬지로 6~7군데 구멍을 낸다.
4. 130℃ 정도의 기름에 속이 익도록 천천히 튀기는데, 한 면을 4분간 튀기고 뒤집어 3분간 더 튀긴다. 갈색이 나면 건져서 1분간 기름을 빼고 식혀 둔 집청에 재웠다가 건져 잣가루를 뿌려 낸다.

*반죽할 때 너무 치대지 말고 가볍게 반죽하여야 끈기가 생기지 않는다.

약과 이야기

약과는 주로 추석이나 정월에 많이 만든다. 지금처럼 약과 모형이 있는 것도 아니고 주로 네모나고 크게 만들어서 튀겼다. 지금의 모약과이다. 차례 지낼 때 높이 고이기 위해 큼직하게 만든 것 같다.

먼저 밀가루에 참기름을 넣고 고루 섞어 쌀가루 내리는 큰 체에 내렸다. 여기에 꿀, 생강즙, 청주, 소금을 넣고 대강 뭉쳐지면 네모반듯하게 판을 만들어 큼직하게 썰어서 가운데 칼집을 넣고 튀기셨다. 튀긴 약과는 조청으로 만든 집청에 담갔다가 작은 단지에 차곡차곡 담으시면서 잣가루를 많이 뿌리셨다. 잣가루 때문에 맛도 있고 아래 위가 많이 붙지 않았다.

어머니는 약과를 만들 때 생강을 많이 넣으셨는데, 먹으면 생강의 향이 입안 가득히 퍼지고 입안에서 살살 녹는 맛이 일품이었다.

8도의 반가(班家)·명가(名家) 내림음식, 윤숙자

名家 백자병

| 재료 및 분량 |

잣 1.2kg
시럽 : 물엿 285g, 설탕 120g, 물 50g
고명 : 대추 8g
식용유 20g

| 만드는 방법 |

1. 잣은 고깔을 떼어놓고 마른 면보로 깨끗이 닦는다.
2. 팬에 물엿, 설탕, 물을 넣고 끓여 시럽을 만든다. 시럽은 숟가락으로 떨어뜨려 뚝뚝 떨어질 정도가 되면 잣을 넣고 서로 잘 엉기도록 나무주걱으로 재빨리 저어 뭉친다.
3. 편편한 쟁반에 기름을 바르고 엉긴 잣을 쏟아 0.5cm 두께로 재빨리 밀어서 굳기 전에 네모나 마름모꼴로 잘라서 대추꽃으로 장식한다.

백자병(잣박산) 이야기

어머니는 정월에는 항상 엿강정을 하셨다. 12월에는 강정준비를 하시느라 가마솥에 장작불을 피워가며 엿을 고았고, 쌀과 콩을 튀기고 흰깨와 들깨, 검정깨는 깨끗이 씻어 일어서 볶았다. 잣은 고깔을 떼어 놓고 볶은 땅콩은 손바닥으로 비벼 껍질을 벗기고, 반쪽씩 가르면서 땅콩 눈은 쓰기 때문에 골라서 버렸다. 흰콩은 볶아 방앗간에서 노란콩가루로 빻아 오셨다. 할머니는 바람이 들어오면 강정이 빨리 굳어 썰지 못한다고 창문이나 방문을 담요나 이불로 가려놓고 시작을 하셨다.

개성 엿강정은 생강즙을 넣는 것이 특징인데, 생강은 다져서 진하게 끓여 놓고 석유곤로에 양푼을 올려놓고 엿을 넣고 생강과 생강물을 다시 더 끓이면서 강정을 버무렸다. 갱엿이 너무 딱딱하면 중탕을 하면서 엿을 녹여 사용한다. 엿강정을 만들 때는 도마 위에 콩가루를 뿌리고 버무린 강정을 쏟아 반대기를 만들어 굳으면 썰었다. 썰어진 강정은 네 귀퉁이가 매끄럽게 되도록 문지르면서 반듯하게 만들었다.

잘된 강정은 어른께 드릴 것이고 썰다가 부스러진 것은 함지박에 수북하게 담아 아이들의 몫으로 주고, 남은 것은 장독대에 있는 큰 항아리에 차곡차곡 담아 놓고 겨울을 지냈다. 특히 정월 대보름에는 엿강정과 엿을 먹어야 치아가 튼튼하다고 새벽잠을 깨워서 먹였다.

평안도 **김 왕 자**

한국통과의례음식문화연구원 원장, 홍익떡집 대표
(사)한국전통음식관광협회 이사
2002 농림부장관상 가공식품발전 유공자 표창, 2003 제1회 전국떡만들기경연대회 최우수상
2003 서울세계음식박람회 금상, 2006 서울국제요리경연대회 전통음식전시경연 금상
2007 한국음식대전 은상(농림부장관상), 2007 한국음식관광산업화 한국관광공사장 표창
2009 세계떡산업박람회 '아름다운 우리떡 만들기 경연대회' 심사위원
2011 반가명가내림음식 특별전 전시참여

어머니께 물려받은 평양음식

나는 해방 이듬해인 1946년 평안도 안주에서 태어나 그곳에서 자랐다. 이후 해방과 전쟁의 소용돌이 속에서 남한으로 내려와 정착하였다. 결혼하여 1남 1녀를 두었고 살림을 하면서 가장 큰 재산은 매운 솜씨를 가진 친정어머니의 가르침이었다. 평안도 사투리를 쓰며 지금도 정정하신 친정어머니는 1941년 아버지와 결혼하셨다. 혼례는 만주에서 이루어졌는데 양가가 모두 독립 운동을 하였던 까닭에 중국 상하이와 북경, 북주 등에서 거주하셨다. 아버지는 오산 학교를 졸업하신 당시의 엘리트였다. 두 분의 결혼에 주례를 서신 분은 아버지의 작은 아버지이신 김대순(나의 작은 할아버지) 어르신이셨다. 이분은 당시 일제강점기에 상해 임시 정부의 김구 선생에게 자금을 지원하시며 중국내 거주하는 우리나라 사람들의 거류민 회장으로 계셨다. 결혼 당시 이분이 주례를 서신 것은 집안의 어른이어서 보다는 중국 거주 한인들의 큰 어른으로서 서신 것이라 한다.

외할아버지는 큰 부잣집 아들이었으나 고향 산천을 다 버리고 평생 독립 운동을 하셨다. 어머니는 그런 아버지의 얼굴을 몇 번 본 기억이 없다고 하신다. 늘 창문으로 도망가는 아버지의 뒷모습만 보고 사셨다 한다. 당시 중국에서 거주하던 독립군 가족은 5관 평자에 모여 살았다. 이렇게 사는 독립군 가족들은 모두 아버지 없이 어머니를 중심으로 가정을 꾸렸다고 한다. 모두 연락도 할 수 없는 상태로 아버지를 그리워하며 지냈다.

아버지를 마지막으로 본 것은 9살 때 어떤 큰일이 있던 해에 아버지가 밤에 오셔서 고향으로 가족을 옮기고 다시 중국으로 가셨을 때이다. 그 이후로 아버지와의 연락은 영 끊겼다고 한다.

어머니는 호방한 이북적인 기질과 영리한 판단력을 소유하셨는데 구순을 바라보는 지금도 여전하시다. 어머니는 독립군의 딸이라는 자부심과 애국심이 강하시고 솜씨가 좋은 분이시다. 또한 사업가 기질이 있어서 늘 큰 사업을 하셨다. 이러한 어머니의 가르침과 생활 가운데 성장한 나는 음식 만들기와 침선에 재주와 애착이 좀 남달랐다. 그래서 환갑이 다 된 오늘날까지 '홍익떡집' 이라는 작은 떡집을 운영하여 왔다. 전통음식에 대한 애착과 열정은 자식에게로 이어져 아들이 나의 대를 이어 떡집을 경영하고 있다.

어머니께 물려받은 닭온반과 어복쟁반 그리고 평안도 음식

평안도 음식은 전체적으로 간이 슴슴하고 음식이 푸짐하고 매우 화려하다. 음식은 크게 먹음직스럽게 만드는 것이 전체적인 경향이다. 결혼식이나 어른 회갑 등 잔치에는 주로 닭온반이나 어복쟁반을 먹었다. 친정어머니 혼례 날에는 잔치음식으로 하객들 모두에게 닭온반과 어복쟁반을 대접했다고 하셨다. 어복쟁반에는 만두를 넣는데 만두 속에는 꿩고기, 부추, 숙주나물을 넣었다. 어복쟁반은 귀한 음식이며 반찬으로는 가지찜을 올렸는데 가지에 칼집을 넣어 돼지고기를 다져서 양념한 것을 넣은 다음 실로 묶어서 쪘다. 가지는 선친은 물론 가족들이 즐겨 먹었다.

지금도 기억나는 고향음식은 소고기 육수 물을 두어 담근 김치다. 맛이 시원하고 간이 짜지 않았다. 나의 어머니는 만두와 냉면을 좋아하신다. 지금도 생신이면 꼭 이북식으로 큰 만두를 빚고 냉면을 해드린다. 평양냉면은 함흥냉면과는 달리 간이 맵지 않고 면은 메밀로 만든다. 국물이 시원하고 깔끔한 뒷맛이 일품이다.

어머니는 떡 만들기를 즐겨하셨는데, 그때 먹었던 떡이 노티, 신과병, 인절미, 찹쌀떡, 율고 등이었다. 그런 어머니의 뒤를 이어 나는 떡 만드는 일을 생업으로 하고 있다. 한국인에게 있어서 떡은 인생의 대소사에 빠져서는 안 되는 중요한 음식이다. 라이프스타일이 바뀌고 주부의 일손이 바빠진 오늘날 동네 떡집은 이런 저런 잔치의 중요한 대목 한 자리를 대신해주는 역할이다. 그래서 늘 바쁘다. 아이 돌날, 어른 수연례, 어느 댁 장성한 자녀의 혼례 등 잔치의 작은 부분을 정성으로 채워준다. 지금은 아들과 함께 떡 집을 운영하는데 대학에서 산업공학과를 전공하고 유망한 장난감 회사를 다니던 아들이 어느 날 갑자기 회사를 그만두고 가업을 잇겠다고 했을 때 많이 놀랐다. 그러나 이제는 곁에서 장인 정신을 이어가는 모습에 듬직함을 느낀다.

이렇게 늘 분주한 가운데 환갑(還甲)을 넘겼다. 남의 말에 귀 기울일 줄 알게 된다는 이순(耳順)을 지나 육십갑자가 돌아 다시 맞는 나이를 지나 돌이켜 보니 가장 그리운 것은 어릴 때 어머니 품에서 먹었던 고향음식이다.

평안도
김왕자선생댁 내림음식

마른밤죽
평양온반
명태식해비빔냉면
평양식메밀만두전골
순대
차조뽕잎인절미
무범벅
노티
복령조화고
온조탕

8도의 반가(班家)·명가(名家) 내림음식, 김왕자

名家 마른밤죽

|재료 및 분량|

황률 140g, 멥쌀 140g, 물 2.4kg, 소금 12g

|만드는 방법|

1. 마른 밤은 분쇄기에 넣어 곱게 가루로 만든다.
2. 멥쌀을 깨끗이 씻어 2시간 정도 불려 곱게 가루로 빻는다.
3. 냄비에 분량의 물을 넣고 황률가루, 멥쌀가루를 풀어 넣어서 끓인다.
4. 잘 어우러지면 소금과 꿀로 간을 맞춘다.

마른밤죽 이야기

용촌 외갓집에는 뒷산에 밤이 많아 어머니는 마른밤죽을 많이 드셨다고 한다. 어려서 이남에 와서 6.25를 서울서 겪은 나는 콩죽을 하도 먹어서 죽을 좋아하지 않았다. 내가 6살 즈음에, 이모네 집에 갔을 때 외삼촌과 외가댁 가족이 모이면 마른밤죽을 먹었다. 식구들은 다들 고향의 맛이라며 맛있게 드셨으나 콩죽에 질린 나는 안 먹겠다고 떼를 썼다. 한 번은 내가 또 안 먹겠다고 하면서 엉엉 울자 이모는 정말 먹기 싫어서 저렇게 우는데 주면 안 되겠다면서 정말 주지 않고 굶기셨다. 그렇게 울다가 잠이 들었는데 시간이 지날수록 배가 고파진 나는 자다가 일어나 부엌으로 갔다. 어린 마음에 깜깜하고 긴 복도를 지나서 부엌으로 가는 동안 가슴이 두근두근하였다. 부엌에는 내 몫으로 담아 놓은 죽 한 그릇이 그대로 있었다. 반갑게 죽 한 그릇을 다 먹었는데 어찌나 맛있었는지 지금도 잊을 수가 없다. 다음날 아침 이모는 "죽을 쥐가 와서 다 먹었구나. 인쥐가 왔었어." 하시며 웃으셨다. 나는 이모가 내가 먹은 지도 모르고 저러시는구나 하면서 속으로 안도의 숨을 쉬었다. 지금도 그 때 일을 생각하면 웃음이 난다.

8도의 반가(班家)·명가(名家) 내림음식, 김왕자

名家 평양온반

| 재료 및 분량 |

멥쌀 400g, 녹두 200g, 홍고추 50g, 실파 50g, 달걀 200g, 후춧가루 2g
은행 15g, 잣 15g, 실고추 5g, 식용유 50g, 닭 1.5kg, 대파 100g, 마늘 100g
청장 30g, 소금 4g, 다진 파 28g, 다진 마늘 28g

| 만드는 방법 |

1. 멥쌀은 깨끗이 씻어서 물에 담구었다가 밥을 짓는다.
2. 끓는 물에 깨끗이 씻은 닭과 마늘, 파를 넣고 끓인다. 닭이 다 익으면 살을 먹기 좋게 찢는다.
3. 녹두는 충분히 불려서 껍질을 벗겨 믹서에 곱게 갈아 소금 간하여 달구어진 팬에 기름을 두르고 홍고추, 실파로 장식하여 한 입 크기로 조그맣게 지진다.
4. 달걀은 황백으로 나눠 지단으로 부쳐서 5cm 길이로 가늘게 채친다.
5. 찢어놓은 고기를 양념해서 조물조물 무친다. 육수에 기름을 걷어내고 청장으로 간을 맞추고 고기를 넣어 다시 5분 끓인 다음 그릇에 담고 준비한 고명을 얹는다.

∽ 평양온반 이야기 ∾

올해로 86세 되신 친정어머니께서 혼례 시에 잔치음식으로 온반을 드셨다고 한다.

평안도 지역에서는 혼례음식으로 온반을 즐겨먹었다. 중국 천진에서 혼례를 치루고 아버지 고향인 평안도에서 혼례를 또 올리셨는데 잔치 피로연 음식으로 온반을 대접하였나 한다.

묘향산이 가까운 친가에서는 꿩고기로 원반을 해 드셨다고 하시며, 고향에선 꿩고기를 자주 드셨다 한다. 어머님은 평안도 사투리를 쓰시기 때문에 온반을 원반이라 발음하신다.

8도의 반가(班家)·명가(名家) 내림음식, 김왕자

名家 명태식해비빔냉면

|재료 및 분량|

메밀국수 400g
명태코다리 400g, 식초 50g
무 200g, 소금 4g
무양념장 : 고운 고춧가루 14g, 식초 15g, 설탕 18g, 다진 마늘 5.5g
다진 생강 3g, 볶은 깨 1g, 참기름 4g, 물엿 30g
고기 양념장 : 다진 쇠고기 50g, 대파 30g, 배 100g, 양파 50g, 다진 마늘 5.5g
생강즙 3g, 참기름 14g, 고운 고춧가루 14g, 후춧가루 1g
육수 양념장 : 다시마 10g, 물 200g, 간장 200g, 설탕 30g, 물엿 200g
고명 : 오이 50g, 달걀 60g

|만드는 방법|

1. 생태를 꾸덕하게 말린 코다리를 머리를 자르고 가운데 뼈를 중심으로 석장 띄기 하여 뼈와 가시를 발라서 시선으로 길쭉하게 어슷 썬다.
2. 어슷 썬 명태를 그릇에 담고 식초로 고루 버무려서 살이 꼬들꼬들해지면 베보자기에 싸서 물기를 꼭 짠다.
3. 무는 굵직하게 채 썰어 소금에 절여 베보자기에 짜서 물기 없이 하여 무 양념장에 양념하고 2에 명태를 넣어 무쳐 낸다.
4. 끓는 물에 다시마를 넣어 우려내고 다시마 육수를 만들어 간장, 설탕, 물엿을 넣는다.
5. 다진 쇠고기는 달구어진 팬에 볶는다. 배와 양파는 강판에 갈아서 즙을 만들고 대파는 송송 썰어서 고기양념장과 육수 양념장을 넣어 양념한다.
6. 오이는 깨끗하게 손질하여 골패 모양으로 썰고 달걀은 황백지단으로 나누어 부쳐 골패모양으로 썬다.
7. 메밀국수를 삶아 체에 건져서 물기를 빼고 그릇에 담아 고기양념장과 명태식해를 얹고 오이, 황백지단을 얹는다.

명태식해비빔냉면 이야기

명태는 가공과 조리 방법에 따라 음식이 다양한데 덕장에서 잘 말린 황태, 명태 알로 만든 명란젓, 내장으로 만든 창란젓, 아가미만으로 만든 명태서거리, 명태에 곡류를 섞은 명태식해 등이 있다. 명태식해는 명태에 찰밥을 넣어 식해를 담가 놓으면 뼈가 삭아 칼슘이 많은 영양식으로 산뜻한 맛이 입맛을 살린다. 식해는 생선살의 감칠맛이 으뜸인데, 먹다 남은 식해가 있으면 그릇이 바닥이 날 때까지 그 감칠맛이 자꾸 떠오른다. 이북에서의 식해는 겨울이면 김치 하듯이 집집마다 다들 담가 드셨다고 한다. 우리 어머님은 지금도 명태식해만 보시면 어느새 눈은 북쪽을 향하신다.

명태는 식초 물에 절인다. 절대 물로 씻으면 안 되며 민물이 닿으면 바닷고기는 삼투압 현상 때문에 살이 물러진다. 꼬들꼬들 절인 후 꺼내어 지느러미와 아가미, 내장을 제거하고 절인 무와 각종 양념, 고슬고슬하게 지어서 삭힌 찹쌀밥과 함께 잘 버무려서 숙성시킨 후 꺼내어 먹는 것이 명태식해이다. 기존의 젓갈과는 달리 씹을 거리가 있고 고기가 있는 전통적인 이북 음식이다. 한겨울에 웃풍이 센 방에 앉아 귀는 빨갛게 얼어가면서 얼음 떠있는 육수에 말은 냉면과 명태식해, 40도가 넘는 평양소주를 즐기는 것이 바로 평안도 특유의 식문화이다.

8도의 반가(班家)·명가(名家) 내림음식, 김왕자

名家 평양식 메밀만두전골

재료 및 분량

육수: 쇠고기 (양지) 600g, 대파 50g, 마늘 50g, 청장 18g, 청주 30g
느타리버섯 150g, 배 30g ,대파 50g, 당근 100g, 은행 50g
메밀국수 70g, 떡국 떡 100g, 달걀 120g,
메밀만두 : 밀가루95g, 메밀가루 50g ,소금 1g
만두소 : 다진 돼지고기 300g ,배추김치 300g, 두부 300g, 부추 100g
숙주 100g, 다진 파 50g, 다진 마늘 20g
양념장 : 간장 36g, 다진 파 14g, 다진 마늘 7g, 깨소금 1g
참기름 4g, 식초 3g

만드는 방법

1. 쇠고기는 핏물을 빼고 물에 넣어 물이 끓으면 대파, 마늘, 청주, 청장을 넣고 삶아 가로 2cm 세로 5cm로 썬다.
2. 느타리버섯, 배, 대파, 당근도 고기와 같은 크기로 썰고 은행은 달구어진 팬에 기름과 소금을 넣고 파랗게 볶아 껍질을 벗긴다.
3. 밀가루에 메밀가루, 소금을 섞고 물을 넣어 반죽하여 만두피를 만들고 만두소를 만드는데 김치를 살짝 씻어 송송 썰고, 두부는 물기를 제거하고 으깨어 놓고 부추, 숙주도 같이 썰어 다진 파, 마늘과 섞는다.
4. 메밀 만두피에 소를 넣어 만두를 주먹만 하게 빚고, 고기 삶은 육수는 기름을 걷어내고 청장으로 간을 한다.
5. 메밀국수는 삶아 찬물에 헹구어 두고, 달걀은 삶아서 이등분하여 놓는다.
6. 전골냄비에 준비한 고기와 채소, 떡국 떡, 메밀국수를 돌려 담고 만두를 가운데 넣고 육수를 부어 끓인다.
7. 메밀만두전골을 상에 낼 때는 양념장과 같이 낸다

평양메밀 만두전골 이야기

평안도 지역은 잡곡이 많이 나서 메밀을 이용한 음식이 다양하게 발달되었다. 평안도 메밀전골은 고향음식 중에서 손꼽을 수 있는 별미 음식이다.

집에서는 큰 손님이 오셨을 때나 가족 모임 생일 때 설 명절에도 만두를 빚었는데 만두 하나가 주먹 만 하여 만두 두 개면 한 대접이 될 정도이다.

식구들이 모여 앉아 만두를 빚으면 어머님은 먼저 빚은 만두를 쪄서 할아버지, 할머니께 드리는데 나중에 만두를 한 개 다 먹는 것보다 할아버지께서 만두를 수저로 떠서 주시면 얻어 먹는 게 더 맛이 좋았다.

어머니는 추운 겨울에 스케이트를 타시다 집에 들어오면 외할머니가 주시는 만두 한 두 개만 먹으면 배가 금방 부르셨다고 고향 이야기를 하셨다.

8도의 반가(班家)·명가(名家) 내림음식, 김왕자

名家 순대

| 재료 및 분량 |

돼지곱창 300g

곱창 씻을 때 : 밀가루 95g 소금 150g

찹쌀 150g, 멥쌀 50g, 차조 20g ,돼지선지 80g, 다진 돼지고기 200g
두부 150g, 배춧잎 20g, 양파 50g, 홍고추 15g, 당근 50g, 부추 30g
숙주 40g, 다진 파 100g, 다진 마늘 50g, 후추 가루 2g, 소금 15g,
생강 5g, 청주 10g

| 만드는 방법 |

1. 찹쌀, 멥쌀, 차조는 깨끗이 씻어 1시간 이상 불려서 물기를 빼고 두부는 면 보자기에 싸서 으깬다
2. 곱창에 밀가루, 소금을 넣고 주물러서 헹궈 물기를 빼고, 배춧잎 ,양파, 홍고추는 곱게 다지고, 당근, 부추는 2cm 크기로 썰고, 숙주는 데쳐서 물기를 꼭 짜고 같은 크기로 썬다.
3. 다진 돼지고기에 2의 다진 채소 등을 넣고 파, 마늘은 후추 가루와 소금을 넣어 고루 간을 하고 선지를 넣고 살살 섞는다.
4. 곱창에 깔때기를 끼우고 양념한 속을 젓가락을 이용해 밀어 넣고 손으로 쭉 훑어서 잘 밀어 넣는데 좀 적다 싶을 정도로 넣는다.
5. 끝을 묶어 생강, 청주를 넣은 끓는 물에 넣어 끓어오르면 불을 약하게 줄여 15분 뜸을 들이고 다시 불을 세게 하여 5분도 끓이고 불을 약하게 줄여 10분정도 뜸을 더 끓여서 건진다.
6. 순대를 상에 낼 때는 고춧가루를 섞은 소금과 같이 낸다.

순대 이야기

이북에서 부잣집에서는 돼지 두 마리를 길러서 굿을 할 때 한 마리 잡고 명절에 한 마리를 잡았는데 돼지 잡는 날에는 반드시 순대를 만들었다고 한다.

순대는 돼지 내장의 곱을 씻는 것 이외에도 재료를 다듬고 썰고 하는 모든 과정이 일일이 사람 손이 가고 시간이 필요한 슬로우 푸드이다.

우리 고향 평안도에서는 순대 속에 찹쌀, 멥쌀, 차조를 불려서 찌지 않고 고기, 선지와 섞어서 순대를 삶는데 다른 순대 보다 더 구수하고 깊은 맛이 있다.

어머니는 순대를 먹으면 돼지 한 마리를 먹는 것과 같다고 하시며 돼지 곱창 냄새 제거하는 법을 알려주셨다. 또한 순대에 속을 많이 넣으면 찹쌀, 멥쌀 등이 찌면서 붇기 때문에 속을 적게 넣고 터지지 않게 곱게 다루라는 말씀도 하셨다.

8도의 반가(班家)·명가(名家) 내림음식, 김왕자

名家 차조뽕잎인절미

| 재료 및 분량 |

차조가루 500g, 찹쌀가루 500g, 뽕잎 200g
소금 10g, 녹두 200g

| 만드는 방법 |

1. 차조가루와 찹쌀가루는 소금을 넣어 체에 내린다.
2. 뽕잎은 삶아서 소금 넣고, 차조가루와 찹쌀가루는 함께 빻아 놓는다.
3. 찜솥에 면보를 깔고 25~30분 찐다음 꺼내어 꽈리가 일도록 친다. 녹두도 하룻밤 불린 후 거피 내어 찜솥에 30분 정도 면보를 깔고 찐다.
4. 녹두가 쪄지면 소금을 넣어 뜨거울 때 방망이로 찧어 체에 내려 놓는다.
5. 고물은 쟁반이나 나무 도마 위에 고물을 뿌리고 3의 떡을 고물에 묻혀 썰어서 낸다.

차조뽕잎인절미 이야기

뽕나무는 낙엽활엽교목으로 전국에 걸쳐 많이 재배되고 있다. 봄에 따는 뽕잎과 가을 서리 맞은 뽕잎은 몇 가지 차이가 난다. 봄에 따는 뽕잎은 아무래도 새싹을 가지고 떡을 만들기에 부드럽고 뽕잎 색이 푸른 빛을 띠며 봄에 나는 풀내음과 구수함이 어우러진 맛이라고 하면, 가을 뽕잎은 서리를 맞은 다 자란 잎을 따기에 잎은 거칠고 딱딱하지만 누런빛을 띠며 맛 또한 봄잎보다 더 달고 구수하다.

동의보감에도 가을 서리 맞은 뽕잎은 약재로도 쓸 만큼 건강에 좋다고 하였다. 누에가 먹는 뽕잎은 독성이 있을 수 없다. 커피나 녹차에 들어있는 카페인도 뽕잎에는 거의 들어 있지 않아 많이 먹어도 해롭지 않다.

8도의 반가(班家)·명가(名家) 내림음식, 김왕자

名家 무범벅

| 재료 및 분량 |

멥쌀가루 1kg, 소금 12g, 무 200g, 고구마 100g
붉은팥 50g, 검정콩 50g, 설탕 100g

| 만드는 방법 |

1. 멥쌀가루는 소금을 넣어 체에 내린다.
2. 무를 씻어 채로 썰고 고구마도 채로 썬다.
3. 팥은 삶아 놓는다.
4. 콩은 물에 불려 놓는다.
5. 준비한 무, 고구마, 팥, 콩을 설탕과 소금에 재워 둔다.
6. 멥쌀가루에 소금과 4를 넣고 섞어 김오른 찜통에 찐다.

∽ 무범벅 이야기 ∾

우리나라의 죽 종류는 대개 죽, 범벅, 미음으로 구분되며, 범벅은 독특한 맛과 특색을 지니기에 별미의 음식으로 구분한다. 호박범벅과 감자범벅이 유명하며 지역적으로는 강원도의 감자범벅과 옥수수범벅, 경상도와 강원도이 호박범벅이 잘 알려져 있다. 나의 고향인 이북에서는 무범벅을 자주 해 먹었다. 무범벅은 여자들이 아기를 낳은 후 몸조리에 좋은 음식이다. 여름철 더위에 허해진 몸을 보완할 겸 별미로 해먹었으며, 이가 약하거나 허약한 이들도 많이 먹었다. 여름철 뿐만 아니라 가을과 겨울에도 아주 즐겨먹는 음식 중의 하나다.

8도의 반가(班家)·명가(名家) 내림음식, 김왕자

名家 노티

| 재료 및 분량 |

찰수수 400g, 찰기장 400g, 소금 10g, 엿기름가루 80g, 식용유 170g
대추 15g, 솔잎 15g

| 만드는 방법 |

1. 찰수수, 찰기장은 씻어서 푹 불린 다음, 물기를 뺀 뒤 빻아서 가루로 만든다.
2. 1의 가루에 익반죽(송편반죽 정도) 한 뒤 오래 치댄다.
3. 2의 반죽에 엿기름 가루를 조금 남긴 후 섞는다.
4. 3을 5등분 하여 반대기 지어 그릇에 담은 다음 뚜껑을 덮어 따뜻한 곳에 30분 정도 둔다.
5. 4의 반대기를 하나씩 꺼내어 엿기름이 고루 섞이도록 다시 반죽한 뒤 민저 반죽한 것이 밑에 놓이도록 하여 포개어 놓는다. 그런 다음 맨 위의 떡 반대기에 남겨 두었던 엿기름가루를 솔솔 뿌려 겉이 마르지 않게 꼭꼭 눌러서 하룻밤 따뜻한 곳에 두어 삭히도록 한다.
6. 떡 반대기가 충분히 삭으면 한데 합쳐 다시 누그러지도록 반죽을 한다.
7. 6의 반죽을 찬 곳에 두었다가 달구어진 팬에 기름을 두른 뒤 지름 5cm, 두께 0.2cm 정도의 크기로 펴놓아 지진다. 약한 불에 천천히 오래 지져 속까지 잘 익게 한다.
8. 지진 떡은 밑바닥이 편평한 그릇에 담아 모양을 잡는다.

*노티는 찹쌀로 만들기도 한다.
*반죽을 삭힐 때 자주 반죽해서 딱딱한 멍울이 없게 한다.
*평안도에서는 노티를 명절 때 많이 만들어 명절 음식상에 푸짐하게 놓는다.

노티 이야기

노티는 항아리에 저장하였다가 먹는 떡이다. 어머니는 추석이 가까워지면 찰기장 준비를 하시며 고향이야기를 하셨다. 어머니께서 북지에 사는 이모님 댁에 가면 노티를 주시곤 했는데, 노티는 가을에 만들어 항아리에 두면 다음 해 여름까지 항아리에 두고 먹을 수 있는 보존성이 뛰어난 특이한 떡이다. 노치라고 발음되는 이 떡은 새콤달콤한 맛과 쫄깃쫄깃한 맛이 어우러져 그 맛과 향기가 다른 떡과는 달랐다고 한다.
차좁쌀이나 찰기장, 찰수수 가루를 엿기름 넣어 하루쯤 훈훈한 방에 두었다가 식구들이 모여 앉아 둥글게 빚어 번철에 놓아 지져 먹는데, 그 맛이 고향의 맛 그대로인지 요즘도 어머니께 묻곤 한다.

8도의 반가(班家)·명가(名家) 내림음식, 김왕자

복령 조화고

| 재료 및 분량 |

멥쌀 800g, 소금 11g, 백복령 70g, 연육 70g
산약 70, 검인 70g, 설탕 50g

| 만드는 방법 |

1. 멥쌀은 깨끗이 씻어 6시간 정도 물에 불린 후 깨끗이 씻어 소금을 넣고 빻아 체에 내린다.
2. 백복령, 연육, 산약, 검인은 분쇄기에 곱게 갈아서 물을 조금 넣고 체에 내린다.
3. 멥쌀가루에 한약재가루를 섞어 일반 떡보다 물을 조금 더 넣고 고루 비벼 체에 내려서 설탕을 섞어 한 번 더 체에 내린다.
4. 시루에 젖은 면보를 깔고 쌀가루를 안친 다음 김 오른 찜통에 15분정도 쪄낸다.

복령조화고 이야기

백복령 연육 산약 검인을 멥쌀에 넣어 만든 복령조화고는 평안도 갑부였던 할아버지가 좋아하시던 떡이다. 할아버지께서 책을 읽고 계시면 할머니가 책상 옆에 접시에 담은 복령떡을 가만히 두시고 나가셨는데 책 냄새와 복령떡의 한약냄새가 기억에 오래 남는다.
아침 일찍 복령떡을 말려 두었다가 수시로 쑤어 잡수시기도 하셨는데 가끔 할머니께서는 다식을 박아 할아버지께서 먼 길 가시거나 밖에 외출하실 때 꼭 싸주셨다

8도의 반가(班家)·명가(名家) 내림음식, 김왕자

名家 온조탕

| 재료 및 분량 |
대추 2kg, 물 6kg, 생강즙 48g, 꿀 400g, 잣 5g

| 만드는 방법 |
1. 크고 실한 대추를 깨끗이 씻은 다음 돌려깎기 하여 씨를 뺀다.
2. 대추에 물을 넣고 푹 끓여 체에 걸러 즙을 낸다.
3. 생강은 껍질을 벗기고 다져서 즙을 만든다.
4. 대추즙, 생강즙, 꿀을 골고루 섞어서 자기항아리에 담아 둔다.
5. 끓는 물에 항아리에 담아둔 즙을 넣어 마신다.

∽ 온조탕 이야기 ∽

어머니께서 새댁이셨을 때 할아버지께서 감기로 크게 고생하셨던 적이 있다고 한다. 기침도 심하고 열이 심하여 많이 고생하실 때 어머니께서 친정어머니께 배운 방법대로 실한 대추를 구해다가 끓여 생강즙과 꿀을 섞어서 드렸더니 점차 회복이 되셔서 칭찬을 많이 들었다고 하셨다. 온조탕은 미리 끓여 두었다가 몸이 허할 때나 감기가 걸렸을 때 따뜻한 물에 타서 차로 마시면 원기회복에 좋은 음청류이다.

경상북도 영주 김 영 희

(사)반가음식문화연구원 원장, 김영희 정과와 육포 대표
영주시 향토음식위원회 부위원장, 영주시 향토음식체험관(고택) 관장
2003 서울세계음식박람회 전통전시경연 부문 금상
2004 서울국제요리경연대회 향토음식 부문 금상
2006 대만타이페이음식박람회 한국관 홍보전시
2009 세계떡산업박람회 아름다운떡만들기경연대회 심사위원
2009 대구여성정책개발원 종가음식 교육
2011 문경전통찻사발 축제 명품전 전시

인삼 경작과 가공에 심혈을 기울인 아버지

　아버님은 일찍이 인삼의 경작과 유통에 힘쓰는 풍기 지역에서 3남 3녀의 다복한 가정을 이끌어 가시는 정 많고 엄격한 경상도의 전형적인 아버지셨다.
　일찍이 인삼의 생산으로 유명한 풍기에서 태어나 인삼의 약효와 기능에 대해서 관심을 가지시고 인삼을 경작하던 동시에 가공방법 등에 심혈을 기울여 유통도 시작하셨다.
　어머님은 일찍이 시집오셔서 시부모님을 정성으로 모시고 인삼 농사일에 평생을 바치신 전형적인 농부의 아내였다. 농사철엔 농사일에 열심이시고 묵묵히 소임을 다하시던 과거 우리네 어머니의 전형적인 표상이라 할 수 있다.

독특하고 새로운 인삼음식 개발

　나는 풍기에서 태어나서 풍기에서 자라고 풍기에서 결혼한 그야말로 순수한 풍기 토박이다. 인삼을 경작하시던 부친과 엄격하게 자녀를 양육하시던 모친사이에서 3남 3녀중 셋째이자 큰딸로 태어났다. 어려서부터 부모님이 인삼농사를 위해 인삼밭으로 향하시면 동생들을 돌보며 인삼을 말리곤 했다. 경북 북부지방 사람인 지금의 남편과 결혼하여 풍기에서 신접살림을 시작하여 2남 1녀를 두고 지금까지 풍기에서 아버지의 가업인 인삼을 이어 받아 살고 있다.
　어려서부터 손님이 많은 집안에서 자라 어머니의 일손을 도와서 많은 일들을 감당해왔다. 손님상 차리기가 몸에 배어 있던 나는 풍기 특산물인 인삼을 이용한 손님상 차리기에 관심이 있었고, 독특하고 새로운 인삼 음식을 개발하기 위해 전통음식을 체계적으로 배우게 되었다. 전통음식의 이론적 바탕 위에 어머니의 솜씨와 나의 아이디어를 접목하여 새로운 인삼 음식을 개발 하게 되었고 각종 음식대회에서 수상을 하기도 하였다. 인삼과의 오랜 인연으로 인삼 음식 개발에 앞장서고 있다. 지금은 내 딸아이가 내가 했던 것처럼 나의 솜씨를 전수받으며 대물림 하는 중이다.

시어머님이 그리운 독특한 음식, 버역

우리 시어머니는 갓 시집온 새 며느리의 음식솜씨를 크게 기대하지 않으셨단다. 처음 맞은 명절에 전을 부치고 고기를 굽고 하던 모습을 보시고 시어머니는 좀 놀랬다고 훗날 이야기 하셨다. 어려서부터 손님을 많이 치러내던 친정에서 갈고 닦은 솜씨가 어른들 눈에는 금방 들었나 보다.

시어머니는 전을 부치는 모양새만 보면 음식 솜씨는 다 안다고 하셨다. 음식 솜씨는 그 전 부치는 손에 다 숨겨져 있다고 하시면서...

시댁의 독특한 음식으로는 유명한 안동식혜가 있으며, 또 하나는 이름도 독특한 '버역' 이란 음식이 있다. 시어머님이 시집 온 며느리인 나에게 처음으로 해주신 음식인데, 낯설어 맛있게 먹지를 못했다. '버역' 은 소의 껍질을 깨끗이 씻어 가마솥에 넣고 푹 고아 만든 음식으로 순수한 경상도 사투리 이름이다. 지금의 음식으로 비유하자면 아마도 편육이나 소머리고기 눌린 것과 비슷하다. 겨울철에 시댁에서 즐겨 먹던 별미 음식으로, 걸쭉한 우유 빛 국물에 갖은 양념을 고루 섞어 양푼에 담아 굳혀 낸다. 시어머님이 살아 계셔 다시금 새댁으로 돌아간다면 더욱 맛있게 어머니 앞에서 먹어 보일 수 있으련만, 그 때 낯 설은 음식을 먹으며 떨떠름한 표정으로 애써 웃음 지었던 며느리의 모습을 안타까이 여기셨을 시어머님이 못내 그립다.

경상북도 영주
김영희선생댁 내림음식

두부장떡
광저기 인삼영양밥
곤대국
오이뱃두리
마두부찜
생콩가루 북어찜
장포
송기떡
두부경단
인삼정과

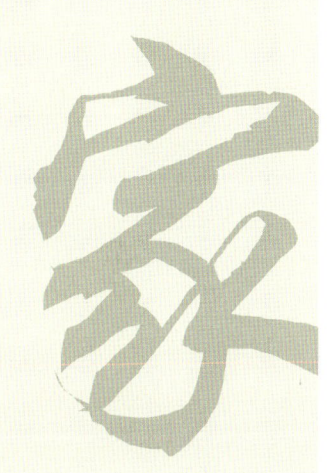

8도의 반가(班家)・명가(名家) 내림음식, 김영희

名家 두부장떡

| 재료 및 분량 |

두부 150g, 표고버섯 20g, 애호박 150g, 부추 80g
보리새우 20g, 밀가루 25g
된장 5g, 다진마늘 5.5g, 고추장 10g, 달걀 10g, 식용유 90g

| 만드는 방법 |

1. 두부는 면보로 싸서 무거운 것을 올려 물기를 뺀다음 면보에 싸서 물기를 짜서 으깬다.
2. 표고버섯은 물에 불려서 채썰어 둔다.
3. 애호박을 가늘게 채 썰고, 부추도 같은 크기로 썰어 둔다.
4. 두부, 표고, 부추, 애호박 보리새우 모든 재료를 섞어 둔다.
5. 된장, 다진 마늘, 고추장, 달걀 푼 것을 넣고 장떡 반죽을 만든다.
6. 반죽을 동글납작하게 빚어 달구어진 팬에 기름을 두르고 지져 낸다.

두부장떡 이야기

몸에 베어버린 기억은 쉽사리 고칠 수가 없기에 흔히 여든까지 간다고 한다. 비 오는 날이면 부쳐 먹던 요리가 바로 장떡이다. 바짝바짝 지져내면 고추장 맛이 배어 나온다.

경산도 북부 지역은 다른 지역 보다 된장을 이용한 음식이 많은데, 그 중에 하나가 장떡이다. 장떡은 된장이나 고추장을 넣어 만든 부침 종류이다. 구수한 맛이 일품이며 된장은 고추장의 절반 정도 넣어서 만들어야 제 맛이 난다.

8도의 반가(班家)·명가(名家) 내림음식, 김영희

광저기 인삼 영양밥

| 재료 및 분량 |

멥쌀 200g, 광저기 20g, 밤 70g, 인삼 50g

| 만드는 방법 |

1. 멥쌀을 깨끗이 씻어 물에 3~4시간 불려 준다.
2. 광저기는 껍질을 그릇에 담고 깨끗이 씻어 물에 떠오르는 것을 버리고 준비한다.
3. 밤은 껍데기를 벗긴 후 깨끗이 다듬어 4등분으로 잘라 준다.
4. 밑이 두툼한 솥에 불린 쌀과 광저기, 밤을 고루 섞는다.
5. 인삼은 뇌두를 잘라내고 깨끗이 씻어 밤 크기로 썰어서 함께 안친다.
6. 광저기 담구었던 물로 밥물을 붓고 센 불에서 끓이다가 우르르 끓어오르면 중불로 줄여 자작자작하게 끓인다.

*광저기는 동부와 같은 콩 종류의 하나이다.

광저기 인삼 영양밥 이야기

오곡은 다섯 가지 중요한 곡식을 뜻하기도 하지만 '오곡백과' 라는 말과 같이 모든 곡물을 지칭하기도 하며 문헌에 따라 그 종류도 일정하지 않다.

맹자의 "오곡이 익어서 사람들이 자란다." 라는 구절의 주석에는 "오곡은 벼, 기장, 보리, 콩, 피를 말한다." 라고 되어 있다. 또 주례의 의술에 관한 기술에 "오이, 오곡, 오약을 가지고 병을 치료한다." 라고 되어 있는데, 그 주석에는 "오곡은 삼, 기장, 피, 보리, 콩이다." 라고 풀이하고 있어 벼를 빼고 삼을 오곡에 포함 하고 있다. 오곡에 삼이 들어간 것은, 삼이 먹을 거리는 아니지만 삼의 줄기에서 섬유를 채취할 수 있으므로 실을 짜고 베를 짜서 의복의 소재를 만들 수 있다는 점에서 그 시대 사람들에게 대단히 중요한 작물로 취급되었기 때문이라 할 수 있다. 우리 집안에서는 영양밥을 지을 때 삼을 넣는데, 광저기(동부)에 밤을 넣고 인삼을 함께 한 영양밥이다. 아주 약불에서 5분 정도 뜸을 들인 후 눌리지 않게 하여 그릇에 담아낸다. 광저기의 검은 물이 곱게 물들고 인삼의 은은한 향과 밤의 달짝지근한 맛이 어우러져 가을에 먹으면 좋은 별미이다. 특별한 날이나 어머니 손길이 마냥 그리워지는 날이면 맘먹고 준비하는 특별한 영양밥이다.

8도의 반가(班家)·명가(名家) 내림음식, 김영희

名家 곤대국

곤대국 이야기

찬바람이 불기 시작하는 초가을쯤이면 곤대국이 생각난다. 토란 겉 순을 곤대라고 한다. 토란 겉 순을 잘라 말리기도 하고 말리려고 준비하던 겉 순을 잘라 다듬어서 쌀뜨물에 된장 풀고 곱창을 넣어 얼큰하게 끓여 먹는다. 처음 철이 들기 전에는 저것이 무슨 맛일까 생각 했었지만 나이가 든 지금에는 그 깊은 맛을 잊지 못해 일부러 곤대국을 준비한다. 곤대국을 끓일 때면 어린 날 딸아이 생각에 슬며시 미소를 짓는다. 어느 날, 학교에서 돌아온 딸아이 손에 애호박 한 개가 들려 있었다. 저녁 준비에 한창인 나는 딸아이의 손에 들려진 호박에 시선이 머물렀고, 딸아이는 "엄마 이거 오늘 반찬거리, 품삯이야." 라고 하며 자랑스레 내민다. 자초지종을 물었더니 버스를 타고 하교하는 길에 보따리를 든 할머니가 버스에서 같이 내리셨단다. 할머니가 보따리를 머리에 올려 달라 하셔서 보따리를 올리는 순간 너무 무겁구나 하는 생각이 들어 집어 올리던 보따리를 할머니 머리 위가 아닌 자신의 머리위에 올리고 할머니께 앞장 서시라 하고 할머니 댁까지 이고 갔단다. 머리 밑이 아프고, 고개는 자라목이 되고, 팔은 학교에서 손들고 벌 서는 것처럼 아파 왔으나 이걸 할머니가 이고가시면 할머니는 일어나지도 못했을 것이란 생각을 하며 이고 갔고... 할머니는 너무 고마워 하며 호박을 주셨다는 것이다. 그날 저녁 우리 온 식구는 호박을 넣은 곤대국으로 흐뭇한 저녁식사를 하였다.

| 재료 및 분량 |

곤대 300 g, 애호박 40 g, 쇠고기(양지) 100 g, 곤자소니 200 g
곱창 200 g, 부화(허파) 200 g, 대파 15 g
반불검이 고추(덜익은 고추) 10 g, 다진 마늘 10 g
밀가루 8 g, 소금 4 g, 된장 10 g, 쌀뜨물 100 g, 물 32 ℓ

| 만드는 방법 |

1. 곤대 겉껍질을 벗겨 주물러 씻는다. 호박은 길이로 2등분하여 자르고 고추는 다진다. 대파는 어슷 썬다.
2. 곱창, 곤자소니, 부화는 밀가루를 뿌려 주물러 씻은 뒤 소금을 넣고 꼬들꼬들해지도록 다시 주물러 씻는다. 쇠고기는 찬물에 담가 핏물을 뺀다.
3. 냄비에 쌀뜨물을 받아 된장을 풀고, 손질한 고기를 넣은 뒤 1시간 정도 푹 끓인다. 곤자소니와 부화, 곱창은 먹기 좋게 썰고 쇠고기는 손으로 찢는다.
4. 3의 국물에 곤대와 애호박, 대파를 넣고 30분 정도 뭉근히 끓인 다음 마늘과 고추를 넣어 얼큰한 맛을 낸다.

*토란의 겉순을 곤대라 한다.

8도의 반가(班家)·명가(名家) 내림음식, 김영희

名家 오이 뱃두리

| 재료 및 분량 |

청오이 100g, 쇠고기(우둔살) 50g, 표고버섯 20g, 석이버섯 10g
소금 10g, 실고추 5g, 진간장 6g, 설탕 5g, 물 10g, 꿀 10g
다진 파 10g, 다진 마늘 10g, 후춧가루 4g, 깨소금 10g, 참기름 10g
소금 5g, 식용유 10g

| 만드는 방법 |

1. 오이는 연한 청오이로 준비하여, 소금으로 박박 문질러 씻는다.
2. 손질한 오이는 두 토막을 낸 다음 양쪽을 1cm 정도 남기고 세로로 3군데 칼집을 넣는다. 소금을 고루 뿌려 1시간 정도 절인다.
3. 절인 오이를 물에 헹군 다음 보자기로 싸서 물기를 없애고 무거운 것으로 1시간 정도 눌러 물기를 뺀다.
4. 쇠고기는 곱게 다져 분량의 양념장을 넣고 양념하여 달군 팬에 볶아 식힌다.
5. 표고버섯은 미지근한 물에 불려 기둥은 잘라내고, 석이버섯은 뜨거운 물에 충분히 불린 뒤 비벼가며 씻는다. 각각 곱게 채 썰어 달구어진 팬에 살짝 볶아 식힌다.
6. 볼에 볶은 쇠고기, 표고와 석이, 실고추를 넣고 고루 섞어 소를 만든 뒤 절인 오이 칼집 사이에 채워 넣는다.
7. 달구어진 팬에 조림장을 넣고 끓인다. 조림장이 걸쭉해지면 오이를 넣어 중불에서 윤기가 나도록 굴려낸다.

∽ 오이 뱃두리 이야기 ∾

여름날 식욕이 떨어져 힘이 부칠 때쯤이면 어머니는 인삼밭 울타리에 심어둔 오이 가지를 바라보시다가 너무 크거나 작지 않은 오이를 따서 오이뱃두리를 장만하셨다. 어머니는 오이뱃두리의 아삭한 맛을 살리기 위해 물기를 꼭 짜두고, 간장에 졸일 때는 중불과 약불로 조절해 가면서 하라고 일러주셨다. 그리고 마지막에 꿀을 조금씩 발라 가면서 윤기가 나기 시작하면 항아리를 깨끗이 준비하셨다가 차곡차곡 담아두고 여름 별미로 즐기곤 했다.

초여름이면 우리집 인삼밭 울타리엔 넝쿨을 뻗으며 하늘 높이 올라가는 오이가 자란다. 졸망졸망 노란 꽃을 피우며 가시달린 오이가 먹기 좋은 크기로 자라면 어머니는 늘 "영희야 오이 따러 가자" 하신다. 그러면 나는 딸 수 있는 오이가 몇 개 되지 않아 작은 소쿠리를 들고 나오는데 그때마다 어머니는 손사례를 치시며 아주 큰 광주리를 들고 가신다. 어머니는 그 커다란 광주리에 몇 개 되지 않는 오이를 따서 담고는 광주리를 머리에 이고 집으로 들어가신다. 나는 하도 이상하여 왜 작은 소쿠리에 담아도 될 오이를 그 커다란 광주리에 담는 것이냐고 어머니께 물었다. 어머니께서는 빙그레 웃으시며 앞으로는 이 큰 광주리에 가득 담을 수 있도록 실하고 많은 오이가 달리기를 바라는 기원의 뜻이라고 하셨다. 그 후론 어떤 과일이나 채소를 처음 수확할 때면 나도 어머니처럼 커다란 광주리를 들고 간다.

8도의 반가(班家)·명가(名家) 내림음식, 김영희

名家 마두부찜

| 재료 및 분량 |

두부 200g, 마 100g, 표고 10g, 대추 16g, 은행 16g
찹쌀가루 200g, 식용유 80g, 소금 4g, 후춧가루 2.5g

| 만드는 방법 |

1. 두부는 면보에 싸서 물기를 빼서 으깬다.
2. 마는 껍질을 벗기고 강판에 갈아 놓는다.
3. 표고는 물에 불리어 채 썰고, 당근도 채 썰고, 대추는 돌려깎기 하여 채 썬다. 은행은 달구어진 팬에 기름을 두르고 살짝 볶아 껍질을 벗긴다.
4. 볼에 준비한 모든 재료들을 고루 섞은 후 찹쌀가루와 소금, 후춧가루로 간을 해 동그랗게 모양내어 가운데에 은행을 박는다.
5. 모양낸 반죽을 김이 오른 찜통에 넣고 10~15분 정도 쪄 낸다.

마두부찜 이야기

마는 산에 나는 귀한 약재라고 해서 산약이라 부른다. 밥 지을 때 마를 밥 위에 올려 쪄 먹으면 포근포근 아주 맛이 있다. 어릴 적 외가집 뒷산에는 산마가 자라는 곳이 있었다. 아무 곳에나 있는 것이 아니고 꼭 그 곳에만 있었다. 어느 날 바로 위 터울의 오빠를 따라 집 뒤 야산 자락으로 올라갔는데, 풀숲을 헤치고 한참을 끙끙대며 삽질하던 오빠는 삽을 내동댕이치고 나무 덩굴 같은 줄기를 잡아당기기 시작했다. 덩굴이 아니라 나무뿌리인 것 같았다. 한참을 씨름하며 구슬땀을 흘리더니 오빠는 주먹만한 알뿌리를 손에 넣었다. 그 알뿌리를 손에 들고 오빠는 환하게 웃으며 흙을 털어 냈다. 그렇게 계속 땅을 더 파더니 오빠는 서너 개 정도 더 알뿌리를 캤다. 오빠는 내 치마 폭에 알뿌리를 담아주며 집에 가서 어머니 께 드리라고 했다. 부엌에서 일하시는 어머니께 드렸더니 어머니는 아주 좋아하시며 깨끗이 씻어 밥솥에 넣으셨다. 나는 그 것이 무엇이냐고 어머니께 물었더니 아주 맛좋은 감자 같은 것이라고 하셨다. 한참을 기다려 밥이 다 되었다. 어머니는 밥솥에서 그것을 꺼내 껍질을 벗기고 젓가락에 끼워 내게 주셨다. 나는 얼른 받아 맛을 보았다. 너무도 맛있는 감자였다. 처음 먹어보는 감자였다. 그 후 오빠는 직장 따라 갔고 다시는 그 감자 맛을 볼 수가 없었는데, 그 때 오빠가 산에서 캐준 알뿌리는 감자가 아니고 산마였다.

8도의 반가(班家)·명가(名家) 내림음식, 김영희

名家 생콩가루 북어찜

| 재료 및 분량 |

황태 50g, 생콩가루 160g
양념장 : 간장 120g, 설탕 12g, 다진 파 9g, 다진 마늘 6g, 참기름 13g

| 만드는 방법 |

1. 북어를 물에 불려 물기를 꼭 짠 후 마른 면보에 싸둔다.
2. 1의 북어를 날콩가루를 골고루 묻히고 찜통에 김이 오른 후 7분 정도 찐다.
3. 간장, 설탕, 다진 파, 다진 마늘, 참기름을 함께 버무린 후 고루 섞어 양념장을 준비해 둔다.
4. 찜통에 찐 북어를 식히고, 준비 된 양념장에 묻힌 후 접시에 가지런히 담아낸다.

✧ 생콩가루 북어찜 이야기 ✧

인삼 농사를 많이 하는 집안에 태어나 봄이면 밭에 인삼을 심느라 온 집안이 분주 했던 기억이 떠오른다. 별달리 놀아줄 사람이 없는 나에게 다리가 짧고 구부정하여 배가 땅에 닿을 것 같은 우리집 멍멍이, 맹구가 유일한 놀이 친구였다. 음력 2월이 생일인 나를 위해 어머니는 바쁜 일손 가운데서도 북어찜과 함께 한 가득 담아낸 흰쌀밥을 부뚜막에 차려 주시는 것이었다. 웬일인가 하고 의아해 하는 나에게 어머니는 빙그레 웃으시며 "오늘이 너 귀 빠진 날이란다." 하신다. 생일 찬으로 북어의 몸통은 인삼밭으로 가져가시고 머리로 나의 생일상을 차려주셨다. 그 후 며칠 지나 아버지께서 장날 읍내를 다녀오시면서 새끼줄에 북어 대가리를 여러 개 꿰어 들고 들어오셨다. 나는 그 북어 대가리를 보고 "엄마 오늘 또 내생일이야?" 하고 부엌에서 일하시는 어머니께 물었다. 그러자 아버지께서는 껄껄 웃으시며 "영희야 이것은 생일날 먹는 음식이 아니고 맹구 약이다." 하셨다. 난 참 이상했다. 내 생일날 반찬으로 해주시던 북어 대가리가 이제는 맹구의 약이라니... 아버지는 그 북어 대가리를 장작불에 살짝 구어 며칠 동안 여러 번 나누어 맹구에게 먹이셨다. 북어를 먹은 덕인지 맹구의 구부러진 다리는 신기하게도 눈에 띄게 좋아졌다.
아버지에게 물었더니 북어 대가리를 '짜구난'(다리가 휘어진)개에게 먹이면 낳는 거라고 하셨다. 지금도 동네를 지나다가 다리가 휜 개들을 보면 주인에게 꼭 북어 대가리를 먹이라고 일러준다.

8도의 반가(班家)・명가(名家) 내림음식, 김영희

名家 장포

| 재료 및 분량 |

쇠고기(우둔살) 600g, 잣가루 20g, 참기름 10g
양념장 : 간장 6g, 설탕 5g, 다진 파 10g, 다진 마늘 10g
생강즙 3g, 후추 2.5g, 깨소금 10g

| 만드는 방법 |

1. 쇠고기는 연한 우둔살로 준비해 도톰하게 포를 뜬 뒤 고기 망치로 두들겨 부드럽게 한다.
2. 분량의 재료로 양념장을 만들어 고기에 넣고 양념이 고루 배도록 조물조물 무친다.
3. 석쇠를 달궈 쇠고기를 애벌구이하고 고기 망치로 두드려 반듯하게 한 다음 다시 석쇠에 올리고 고기를 재웠던 양념장을 발라가며 구워 두들긴다.
4. 3의 과정을 3~4번쯤 반복하여 고기가 부드러워지면 마지막에 참기름을 발라 살짝 굽는다.
5. 부슬부슬해진 고기를 손으로 먹기 좋게 뜯어 담고 잣가루를 넉넉히 뿌린다.

∽ 장포 이야기 ∾

장포는 쇠고기에 양념장을 덧발라 가며 굽기와 두드리기를 반복해 만든 고급 반찬이다. 천리를 가도 변하지 않는다고 하여 천리찬이라 하기도 한다. 무더운 여름날 아버지께서 먼 길 떠나실 때쯤이면 틀림없이 준비하시던 어머니의 정성스런 음식이다.

쇠고기 포를 고기 망치로 두들겨 부드럽게 해서 양념이 고루 배도록 조물조물 무치고 석쇠를 달궈 구웠다 망치로 두드려나 여러 번 하는데 이 고기 굽는 냄새가 정말 대단하다. 가을 전어 굽는 냄새에 집나간 며느리 돌아온다는 말이 있지만 이 장포 굽는 냄새에 온 마을의 견공들이 정신없이 짖어댄다.

8도의 반가(班家)·명가(名家) 내림음식, 김영희

名家 송기떡

| 재료 및 분량 |

송기(소나무속껍질) 200g, 찹쌀가루 1000g, 소금 5g, 참기름 10g

| 만드는 방법 |

1. 오월 단오 무렵 소나무의 물이 오르기 시작할 즈음 소나무 껍질을 벗겨서 거칠고 딱딱한 겉껍질은 버리고 속의 정결한 껍질만 취하여 깨끗이 씻고, 물에 담가 일주일쯤 우려내어 끓는 물에 넣고 삶는다.
2. 찹쌀가루에 준비한 송기와 소금을 넣고 김오른 찜통에 넣어 찐다.
3. 쪄진 송기떡을 고루 쳐서 모양을 만들어 참기름을 발라 그릇에 담는다.

송기떡 이야기

오월 단오 무렵 소나무에 물이 많이 올랐을 때쯤이면 어김없이 소나무 껍질을 벗겨서 양잿물에 삶아 며칠 우려낸 후, 찹쌀과 소나무 속껍질을 한데 어우러지게 반죽해서 떡을 만든다. 송기떡은 오래 두어도 상하지 않고 두고두고 먹어도 되는 음식이었다.

소나무 껍질을 벗기려고 산에 가시는 아버지를 한번 따라 갔다가 울고 온 적이 있다. 아버지는 물오른 소나무를 낫으로 겉껍질을 훑으시고 속껍질을 얄팍하게 쭉 벗기셨다. 그 순간 그 나무를 바라보고 있던 나는 '악' 하고 소리 질렀다. 내 가슴이 너무 아팠다. 마치 내 팔뚝의 살이 떨어져 나가는 것 같았다. 금방이라도 소나무에서 빨간 피가 주르륵 흐를 것만 같아 인상이 찌푸려지고 이내 눈물이 흐르는 것이었다. 어린 마음에 소나무가 얼마나 아플까 하는 생각이 들었던 것이다. 아버지는 내가 우는 영문을 모르시고 당황하셨다.

내가 우는 이유를 물으시고 아버지는 껄껄 웃으시며 소나무 껍질 벗기는 일을 그만두고 나를 안고 산을 내려 오셨다. 다음날 혼자 산으로 가신 아버지는 소나무 속껍질을 한 자루 해오셨다. 소나무는 회생력이 빠르기 때문에 어느 정도는 껍질을 벗겨도 무방하다고 하시며...

8도의 반가(班家)・명가(名家) 내림음식, 김영희

名家 두부경단

| 재료 및 분량 |

연두부 75g, 찹쌀가루 200g, 녹차가루 8g, 콩가루 80g
흑임자가루 50g, 황설탕 24g, 꿀 38g, 깨소금 12g

| 만드는 방법 |

1. 연두부는 잘게 부수어 볼에 담고 그 위에 찹쌀가루를 넣어 섞어서 반죽한다.
2. 1의 반죽을 동그랗게 경단을 빚어서 중앙을 손가락으로 눌러 움푹하게 도넛 모양을 만든다.
3. 끓는 물에 경단을 넣어 떠오르면 20초 정도 두었다가 냉수에 건져 물기를 뺀다.
4. 흑임자 가루에 꿀과 물을 넣고 만들어 삶은 두부경단에 끼얹어 준다.
5. 두부경단에 녹차가루를 넣고 반죽해 끓는 물에 데친다. 콩가루와 황설탕을 2:1의 비율로 섞어 녹차 두부경단에 뿌려 먹는다.
6. 두부경단에 깨소금을 넣어 잘 섞이도록 반죽하여 끓는 물에 데친다. 녹차가루와 황설탕을 1:3의 비율로 섞어 경단에 뿌린다.

두부경단 이야기

정월 설날을 앞두고 음식 준비로 분주할 때면 어머니의 손을 도와 순두부를 찹쌀에 반죽해 경단을 빚곤 하였다. 어머니처럼 예쁘고 앙증스럽게 만들려고 무던히도 두 손을 돌려보나 마음대로 되지는 않는다. 일반적으로는 뜨거운 물에 찹쌀을 익반죽하지만 그러지 않고도 반죽이 잘 된다는 것이 또한 순두부 경단의 매력이다. 이제 나이를 먹어 내가 어머니와 마주 앉아 만들던 경단을 지금은 딸과 함께 빚는다. 딸 또한 나와 같이, 엄마와 함께 만든 경단을 먹을 때가 가장 행복하다고 한다. 딸아이와 말다툼을 할 때면 이른 봄날 햇살 가득한 작은 주방에서 흥얼대며 두부경단을 만들어 주던 모습을 떠올린다고 한다. 그러면 언제 싸웠나 쉽게 마음이 봄 햇살에 눈 녹듯 사라진다고 한다. 누구든 사랑하는 사람을 위해 만든 음식은 한층 더 맛이 있나보다. 사랑이란 양념이 한 가지 더 들어갔으니…

8도의 반가(班家)·명가(名家) 내림음식, 김영희

名家 인삼정과

|재료 및 분량|

인삼 750g, 물엿 1.5kg, 꿀 24g

|만드는 방법|

1. 인삼을 깨끗이 다듬어 씻어 놓는다.
2. 김 오르는 찜통에 인삼을 넣어 15분 정도 찐다.
3. 냄비에 물엿과 인삼을 넣고 중불에서 서서히 투명해질 때까지 끓인다.
4. 투명하게 조려진 인삼을 꿀을 넣고 하룻밤(12시간)을 재운 후 건져서 건조시킨다.

❦ 인삼정과 이야기 ❦

매미가 7년의 기다림을 한꺼번에 해소하듯 힘차게 울어대는 한여름, 뜨거운 태양이 이글대며 정수리를 내리 쬐면 그런 태양이 미워 아이들과 마을 어귀 정자로 달려갔다. 커다란 나무가 해주는 부채질은 얼마나 시원하던지... 하지만 항상 그늘이 드리워진 시원한 정자는 마을 어르신들이 낮잠을 즐기시는 곳이다. 그래서 아이들은 감히 마루에 걸터앉지 못하고 한쪽 땅바닥의 그늘에 감지덕지 하며 모여 앉아 있곤 했다. 어느 날인가 그날도 우리들은 어김없이 그늘을 찾아 정자에 모여 들었고 거기엔 마을에서 가장 무서운 할아버지가 주무시고 있었다. 그리고 할아버지 옆에는 인삼을 졸여 만든 젤리가 있었다. 우리들은 똘망똘망한 눈을 굴리며 입에 검지손가락을 내고 신호를 보내기 시작했다. 한 아이가 살금살금 기어 그 젤리 봉투를 낚아채 달아났고, 할아버지의 시선을 피할 수 있는 곳이라 생각되는 집 처마 밑에서 한 개씩 나누어 먹으며 즐거워했다. 그때 입안에 감돌던 쌉쌀하고 달콤한 맛은 아무리 정과를 잘한다고 하는 지금의 나도 똑같이 맛을 낼 수 없는 추억의 맛이었다.

전라남도 해남 **김 덕 녀**

(사)한국전통음식연구소 부원장
경기대학교 관광대학원 외식경영학과 석사, 前)KOREA HOUSE(한국의 집) 조리실 근무
KBS 무엇이든 물어보세요, EBS 최고의 요리비결 등 TV 방송 다수 출연
2003 서울세계요리경연대회 반가음식부문 금상, 2004 서울세계요리경연대회 궁중음식부문 금상
2005 서울세계요리경연대회 발효음식부문 금상, 2007 서울국제음식산업박람회 금상
2009 국외한식당의 문화적 고품격화 사업 조리사교육(미국, 베트남, 홍콩 등)
2011 한국관광음식박람회 발효음식부문 대상
2011 사우디아라비아 수교 40주년 기념 한국음식페스티벌 참여

부각 맛에 이끌려 전통음식 연구의 길로

아버님이 군인으로 근무하셨기 때문에 우리 집안은 항상 손님이 끊이질 않았다. 손님 준비로 눈 코 뜰 새 없었던 어머니를 위해 나는 어린 시절 부터 어머니를 도와야 했다. 이러한 친정의 집안내력으로 인해 음식에 대한 지식과 방법에 어느 정도 자신감을 가지고 있던 나였지만 처음 경주이씨 가문에 시집오면서부터 친정과는 색다른 음식문화와 예법에 당황스러웠다. 그러나 곧 그 당황스러움은 신기함과 호기심으로 바뀌었다. 시집을 온 초기에 시어머니께서 주신 음식 중 가죽잎 부각과 감잎 부각이 있었는데 친정에서는 해먹어 보지 못한 음식이라 매우 신기하면서도 그 맛이 너무 좋아 부엌에 들어갈 때마다 몰래몰래 집어 먹었던 기억이 새롭다. 한 달여 간 그 부각만 먹어도 질리지 않았다. 그 부각을 매일 조금씩 꺼내 먹으며 혼자 어떻게 이런 맛을 냈을까 연구하며 지냈다.

시할머니로부터 전수받은 내림음식

그 당시에는 여느 집들과 마찬가지로 여자들은 식사 때 남자들의 상을 먼저 내다 드리고 나서야 부엌에 둘러앉아 별 반찬 없이 식사를 했다. 나물을 해도 남자들의 상에 내 가고 나면 여자들이 먹을 것이 없었다. 한 번은 콩나물에 콩가루를 넣고 무쳐내는데 집어 먹어보니 그 맛이 기가 막힐 정도로 좋았다. 맛난 반찬 먹기가 어려웠던 때인지라 손자며느리들이 아예 콩나물을 한 웅큼 집어 따로 소쿠리를 덮어 보관해 놓았다.

그런데 하필 그날 콩나물의 인기가 너무 좋아 아버님이 더 드시겠다고 하셨다.
할머니께서 더 가져다 드리라고 하셨는데 나와 형님은 그릇에 남은 걸 조금 갖다 드리고는 소쿠리에 보관해 놓은 것은 손도 대지 않았다. 식사가 끝나고 여자들이 먹을 때야 자랑스럽게 콩나물을 상에 내 놓자 남자들이 부족하게 먹는데도 내 놓지 않았다는 이유도 일주일을 혼이 난 기억이 있다. 혼나면서 먹은 잊지 못할 맛의 콩가루 콩나물 무침! 장난기 많은 새댁시절이 너무 그리워진다.

그밖에 아직도 잊을 수 없는 시댁의 인기메뉴는 만두를 빚고 죽순을 번철에 지진 다음 닭을 삶아 국물 없이 건져내 찜으로 먼저 차려낸 후 그 국물에 다시 만두와 죽순 지짐을 넣고 만두가 다 익을 때까지 팔팔 끓여 먹던 영계찜이었다. 지금도 그 영계찜을 생각하면 침이 꼴깍 넘어간다. 처음 시집와 어려웠던 시절에 시댁의 특별한 음식을 맛보며 화기애애했던 시집살림을 떠올리면 조용히 입가에 미소가 흐른다.

한 해의 음식의 맛을 결정하는 날은 정월 장 담그는 날이나, 10월 김장하는 날에도 시할머니께서는 더욱더 엄격하게 모든 일을 진두지휘 하셨다. 특히나 장을 담그는 날에는 달거리를 하는 사람, 부스럼 등 사소한 잡병이라도 든 사람은 아예 출입도 못하게 하셨다. 그런 귀한 자리에 감히 엄두도 못 낼 자리였지만 갓 시집온 나는 뜻밖에도 손맛을 일찌감치 눈치 챈 할머니 덕분에 장 담그기에 동참할 수 있었다. 할머니께서는 장을 담그시는 날도 유별나셨지만 장항아리 손보시는 일도 얼마나 부지런하고 엄하시던지 항아리에 비 온 후 조금이라도 더러워지면 소리소리 지르시며 나무라셨다.

지금 생각해보면 시할머니께서 유독 음식을 만드는데 엄격하셨던 이유는 시어머니는 원래 병약하신 체질이어서 집안 음식 전수가 힘들었고 위의 큰 형님은 직장일도 하고 있었지만 음식에 둔감해 둘째 손자며느리인 내게 집안 내림음식을 물려주시고자 했던 것 같다.

어쨌든 집안의 대소사에 손맛 뛰어난 할머님의 솜씨와 열정적인 가르침을 이어받아 다양한 음식을 경험할 수 있었다. 또한 집안 어른들께 깔끔한 음식 솜씨로 늘 인정받고 사랑까지 얻었으며 지금 전통음식연구가로 인생을 살고 있는 밑거름이 되었다.

전라남도 해남
김덕녀 선생댁 내림음식

삼합죽
백김치보쌈말이
전계아법
한방오골계탕
행적
더덕좌반
모점이법
동지
섞박지
해물섞박지

8도의 반가(班家)·명가(名家) 내림음식, 김덕녀

名家 삼합죽

| 재료 및 분량 |

해삼 1마리, 홍합 100g, 쇠고기 80g, 찹쌀 400g, 청장 2큰술

| 만드는 방법 |

1. 찹쌀을 깨끗이 씻어서 2~3시간 불려 물기를 뺀다.
2. 홍합은 물에 씻어 불려 깨끗이 다듬어 놓는다.
3. 물을 펄펄 끓이다가 쇠고기를 넣어 삶는다.
4. 고기가 반쯤 익으면 해삼과 홍합을 넣어 흐물흐물해지도록 약한 불에 끓인다.
5. 4에 찹쌀을 넣어 다시 쌀알이 퍼지도록 끓이다가 체에 밭쳐 내린 후 청장으로 간을 맞춘다.

삼합죽이야기

우리 집은 음식을 먹고 탈나면 무조건 죽으로 3일은 해결해야한다. 그래서 죽 종류가 여러 가지 있으나 그 중에서도 해산물이 풍부한 곳이라 삼합죽이 가장 유명하다. 원래 병약하신 시어머님을 위해 자주 쑤다보니 온가족이 즐기는 음식이 되었다. 항상 밥을 하려고 쌀을 담그면 대비용으로 한줌의 쌀을 별도로 불려 놓는다. 부재료는 그날 찬으로 나가는 것을 조금 이용하면 되기 때문에 시어머님의 안색에 따라 죽인지 밥인지가 결정되고 재빨리 뜨거운 죽을 쑤어 내야 했다. 조금이라도 식으면 드시질 않으셨다.

우리나라에서 '찬밥 먹느니 차라리 식은 보리죽 신세' 하면 눈칫밥을 뜻한다. 독일에서는 '뜨거운 감자 요리'가 곧 눈칫밥을 뜻한다고 한다. 죽이 식으면 시아버님께서 종종 하시던 말씀이 생각난다.

칠거지악(七去之惡)이 아닌 팔거지악(八去之惡)도 있었는데, 시부모에게 찬밥을 드리면 소박맞을 추가 조건이 된다 하여 팔거지악이라 말할 만큼 음식이 차고 더운데 가치 비중을 크게 두었다고 하시며 일침을 놓으셨다. 하지만 나는 호박죽만큼은 찬 죽이 더 맛이 좋다고 느낀다.

8도의 반가(班家)·명가(名家) 내림음식, 김덕녀

名家 백김치보쌈말이

| 재료 및 분량 |

백김치 300g, 돼지고기 200g, 된장 10g
간장 15g, 통마늘 50g, 생강 30g
양념장 : 다진마늘 10g, 참기름 10g, 후춧가루 3g, 새우젓 15g

| 만드는 방법 |

1. 잘 익은 백김치의 잎 쪽을 준비한다.
2. 돼지고기는 간장과 된장을 풀고 통마늘과 생강을 넣어 푹 익도록 삶는다.
3. 익힌 돼지고기를 곱게 다져 준비한 양념으로 양념 한다.
4. 3을 백김치 잎으로 잘 싸서 놓는다.

백김치 보쌈말이 이야기

어릴 적 아버님이 군인이시라 자식들이 반찬 투정하시는 것을 용납하지 않았다. 인자하시고 지식늘에게는 관대하셨으며 너그러우신 군인 아버지였지만 밥상머리 규율은 아주 엄격했다.

어버님은 어려서부터 김치를 많이 먹어라 성화셨고 나는 매운 김치가 먹기 싫어 투정부리면 아버님은 호랑이가 되어 벽에 팔 들고 서있는 벌을 주셨다. 어머니는 그 광경이 못내 안스러워 김치투정 하는 내게 맵지 않은 백김치를 담가 내가 아버님께 벌 서는 일을 막아 주시는 현명한 분이셨다. 또 백김치에 돼지고기 다져 돌돌 말아 주시면 그처럼 진귀하고 맛있는 음식이 없었다.

8도의 반가(班家)·명가(名家) 내림음식, 김덕너

名家 전계아법

| 재료 및 분량 |

영계 300g, 참기름 20g
양념장 : 청양고추 15g, 청주 20g, 식초 5g, 물 200g
　　　　　간장 15g, 다진마늘 10g,
　　　　　밤 60g, 대추 16g, 은행 16g, 다진 파 15g, 후춧가루 1g, 천초(형개)가루 1g

| 만드는 방법 |

1. 영계는 깨끗이 씻어 토막을 낸다.
2. 솥에 참기름을 두르고 닭고기를 볶는다.
3. 밤은 껍질을 벗겨서 데쳐놓고 대추는 손질해 넣는다.
4. 은행은 달구어진 팬에 기름을 두르고 볶아 놓는다.
5. 닭이 익으면 양념장을 넣고 졸이다가 밤·대추·은행·다진 파·후추가루·천초가루를 넣고 더 조려낸다.

*천초(전초, 全草)를 말려서 형개라고 하며, 감기로 열이 나고 두통이 생기거나 목이 아프거나, 종처(腫處)에서 피가 날 때 사용한다.

전계아법 이야기

시댁의 풍습은 남자와 여자가 겸상을 하지 못하였다. 새색시 초기 때는 시아버님과 남편 상에 올라가는 음식들을 보고 먹고 싶은 마음이 간절해 시어머님께 들키지 않도록 시아버님 상에 올라가는 신기한 음식을 손끝으로 찍어 먹어보곤 했었다. 그 중에서도 나의 호기심을 자극한 음식은 바로 굴비로 만든 장아찌였는데 시아버님과 남편 상에는 굴비 장아찌가 올라갔지만 여자들의 상에는 올리지를 않았다. 여자들은 상에 김치와 나물 몇 가지만 올려놓고 식사를 했다.

나는 그것이 너무 먹고 싶어서 하루는 아예 밥을 안 먹고 장독대에 나가 그냥 서러워하며 울었는데 시아버님이 나의 모습을 보시곤 읍내에 나가셔서 닭튀김 한쪽을 사다 주신 적이 있다. 시할머니께서 워낙 무서우셨을 때 한걸음에 달려가 사 오셨던 시아버님의 마음이 느껴져 지금도 굴비장아찌를 보면 아버님 생각이 간절하다. 그때의 닭고기 맛은 정말 최고였다.

8도의 반가(班家)・명가(名家) 내림음식, 김덕녀

名家 한방오골계탕

|재료 및 분량|

오골계 500g, 낙지 200g, 전복 200g, 새송이버섯 100g, 애호박 50g
당귀 5g, 곽향 5g, 천궁 5g, 감초 5g, 백복령 5g, 황기10g
구기자 10g, 산사10g 등 (40여 가지 약재)
은행 10g, 밤 30g, 대추 15g
찹쌀 100g, 녹두 50g

|만드는 방법|

1. 오골계는 내장을 제거하여 깨끗하게 손질해 둔다.
2. 준비된 한약재에 물을 넣고 중불에서 4시간 고아 국물을 만든다.
3. 찹쌀과 녹두를 섞어서 밥을 지어 둔다.
4. 낙지는 손질하여 먹기 좋게 썰고 새송이와 애호박은 납작하게 썰어둔다.
5. 압력솥에 2의 국물과 손질한 오골계를 넣어 오골계의 속까지 익도록 끓인다.
6. 오골계가 푹 익으면 낙지와 전복, 새송이버섯, 애호박을 넣어 한 번 더 끓인다.
7. 오골계의 살을 발라먹은 후 3의 찹쌀녹두밥을 국물에 넣어 죽을 만들어 먹는다.

*당귀, 곽향, 천궁, 은행, 산사 등 40여 가지 약재를 폭 고아 국물을 만든다.

한방 오골계탕 이야기

내가 시집온 당시에는 우리 집도 여느 집들과 같이 여자들은 남자와 겸상을 하지 않았다.

나물을 해도 남자들의 상에 내 가고 나면 여자들이 먹을 것이 없었다. 한 번은 콩나물에 콩가루를 넣고 무쳐내는데 집어 먹어보니 그 맛이 기가 막힐 정도로 좋았다. 맛난 반찬 먹기가 어려웠던 때인지라 손자며느리들이 아예 콩나물을 한 웅큼 집어 따로 소쿠리를 덮어 보관해 놓았다. 그런데 하필 그날 콩나물의 인기가 너무 좋아 아버님이 더 드시겠다고 하셨다.

할머니께서 더 가져다 드리라고 하셨는데 나와 형님은 그릇에 남은 걸 조금 갖다 드리고는 소쿠리에 보관해 놓은 것은 손도 대지 않았다. 식사가 끝나고 여자들이 먹을 때야 자랑스럽게 콩나물을 상에 내 놓자 남자들이 부족하게 먹는데도 내 놓지 않았다는 이유도 일주일은 혼이 난 기억이 있다. 혼나면서 먹은 잊지 못할 맛의 콩가루 콩나물 무침! 장난기 많은 새댁시절이 너무 그리워진다.

그밖에 아직도 잊을 수 없는 시댁의 인기메뉴는 만두를 빚고 죽순을 번철에 지진 다음 닭을 삶아 국물 없이 건져내 찜으로 먼저 차려낸 후 그 국물에 다시 만두와 죽순 지짐을 넣고 만두가 다 익을 때까지 팔팔 끓여 먹던 오골계찜이었다. 오골계를 구하기 힘들면 영계를 이용해 찜을 해 먹기도 했다. 지금도 그 오골계찜을 생각하면 침이 꼴깍 넘어간다. 처음 시집와 어려웠던 시절에 시댁의 특별한 음식을 맛보며 화기에 애했던 시집살림을 떠올리면 조용히 입가에 미소가 흐른다.

8도의 반가(班家)・명가(名家) 내림음식, 김덕녀

名家 행적

|재료 및 분량|

돼지고기(목살) 400g, 부추 10g, 마늘 10g, 배추김치 400g
양념장 : 된장 15g, 물 30g, 청주 15g, 조청 15g, 설탕 10g
　　　　　청장 10g, 참기름 10g, 깨소금 8g
밀가루 42g, 달걀 180g, 식용유 52g

|만드는 방법|

1. 돼지고기를 1cm 두께로 썰어 잔 칼집을 넣는다.
2. 부추도 송송 썰어주고, 마늘은 찧어 놓는다.
3. 된장에 물을 붓고 푼 다음, 청장과 양념을 넣어 고루 섞어 양념장을 만든다.
4. 부추, 마늘에 양념장을 넣어 살짝 숨을 죽인 뒤, 고기를 넣고 주물러 그대로 재워둔다.
5. 꼬지에 고기와 김치를 번갈아 가며 끼운다.
6. 숯불에서 직화로 은근히 속까지 익도록 굽거나 달걀옷을 입혀 팬에 지진다.

행적 이야기

여름철 비가 오거나 겨울철에 찬바람이 불기 시작하면 시할머니께서는 행적을 부쳐 먹자는 말씀을 자주 하셨다. 예전에 없이 살던 시절에는 솥뚜껑을 뒤집어 놓고 옆에는 종지에 돼지기름 담아 무 토막으로 기름 발라가며 김치를 숭숭 썰어 밀가루에 버무린 부침개를 부쳐 먹었다. 그러나 우리 시할머님은 돼지고기를 싫어하시는 시아버님을 위해 할머님은 썰지도 않은 김치를 돼지고기와 같이 꼬지에 꿰어 밀가루를 입히고 계란 물을 적셔서 커다랗게 지지셨다. 그러면 시아버님은 돼지고기가 들어간 것을 알면서도 모르는 척 맛있게 드셨다고 한다.

8도의 반가(班家)·명가(名家) 내림음식, 김덕녀

名家 더덕좌반

| 재료 및 분량 |

더덕 1.2kg, 소금 15g, 간장 30g, 참기름 30g, 후춧가루 3g

| 만드는 방법 |

1. 더덕은 깨끗이 씻어 껍질을 벗겨 찧고, 물에 담가 쓴맛을 제거한다.
2. 손질한 더덕을 찜통에 쪄서 소금, 간장, 참기름을 넣고 그릇에 담아 하룻밤 재운다.
3. 다음날 햇볕에 말려 후춧가루를 조금 뿌려 2의 양념장에 다시 담갔다가 말려 구워 먹는다.

더덕좌반 이야기

작지만 우리 집 밑반찬을 책임졌던 뒷마당 작은 밭에는 더덕과 도라지를 심어 양념해서 구이를 하거나 말려 좌반을 하여 계절의 별미로 삼았다. 뒷밭에 나는 더덕과 도라지는 매우 귀한 음식이었다.

시집올 당시 식구가 많아 너무나 큰 부담과 걱정을 안고 시집살이를 시작했다.

시할머니까지 생존해 계셔서 같이 산다는 것은 너무나 큰 부담과 두려움이었다. 그런 무서운 존재인 시할머니께서는 유독 손자며느리인 나에게 손맛이 좋다고 하시면서도 음식을 만들 때는 유난히도 야단을 많이 치셨다. 한 번은 가을에 더덕을 말려 좌반를 한다고 하셨는데 소금물에 담가 쓴물은 우려내고 방망이로 자근자근 두드려 양념하여 그늘에서 꾸들꾸들하게 말려야 하는 것을 다른 일을 하다가 깜빡 잊어 비를 맞히고 말았다.

할머니께서 채반의 더덕을 보시더니 어찌나 불같이 화를 내시던지 지금도 그때 생각을 하면 가슴이 철렁한다. 물기를 적당히 꾸들꾸들하게 말리려면 더덕을 가끔씩 들여다보고 뒤집어주며 정성을 다해야 좌반이 맛있게 되는 거라고 하시면서 젊은 새색시기 정신을 어디다 두고 있냐며 눈물이 쏙 빠지도록 혼내셨다. 잔뜩 혼나고 눈물을 훔치며 다시 더덕을 손톱 밑이 아리도록 손질하여 말려 좌반을 만들던 기억이 새롭다.

8도의 반가(班家)·명가(名家) 내림음식, 김덕녀

名家 모점이법

재료 및 분량
가지 500g, 참기름 30g, 간장 45g, 식초 200g, 마늘즙 30g

만드는 방법
1. 가지를 깨끗이 씻어 길게 4쪽으로 쪼개어 참기름을 두르고 지져낸다.
2. 간장, 초, 마늘 즙을 섞은 것에 가지를 담구었다가 10일 후에 먹을 수 있다.

모점이법 이야기

가지요리 하면 단순히 밥을 지을 때 위에 얹어 쪄낸 뒤 쭉쭉 찢어 양념하여 무쳐 내거나 말렸다 볶아 먹는 것쯤으로 생각하지만 그 종류가 의외로 많다. 오이소박이처럼 소를 박아 담그면 가지김치, 데친 뒤 길이로 잘게 찢어 꼬챙이에 꿰어 밀가루를 묻혀 달걀을 씌워 지지면 가지누름적이 된다. 얄팍얄팍하게 썰어, 고기 다져 양념한 것을 사이에 끼워 밀가루, 달걀 입혀 지진 가지전, 날가지를 고추장 된장 속에 박아 만든 가지장아찌도 있다

시골 저녁 땅거미가 지면 저녁밥을 먹은 동네 아이들은 어둠속에서 하나씩 나타나 '숨바꼭질 할 사람 여기 붙어라!!' 하고 외친다. 동네아이들이 모두 모이면 편을 갈라 한편은 숨고 또 한편은 찾으러 다니는 놀이를 한다. 밤중에 이루어지는 놀이라 어린 아이들은 무서워 언니 오빠들의 손을 잡고 따라다니고 숨는 편은 돼지우리에 숨기도 하고 텃밭의 가지 밭에 숨기도 하는데 아이들은 종종 가지를 서리하여 먹다가 놀이 하는 것을 잊기도 한다. 아릿하면서도 뽀독뽀독한 맛에 입이 검어 지는 줄도 모르고 먹다가 가지꼭지의 가시에 찔리기도 했던 아련한 추억이 있다.

가지는 훌륭한 채소이며 식품 일 뿐 아니라 용도가 넓은 약품이기도 하다. 가지의 성질은 차나 지혈과 소종 작용을 한다. 또한 해독과 아픔을 멎게 하고 고혈압을 완화하며 동맥경화등 악증을 방지해 준다. 따라서 연로자나 고혈압 증세가 있는 사람은 가지 삶은 물을 자주 마시고 가지로 만든 음식을 자주 먹으면 좋다.

8도의 반가(班家)·명가(名家) 내림음식, 김덕녀

名家 동지

재료 및 분량
무 1.2kg, 오이지 30g, 삭힌고추 30g, 청각 15g

만드는 방법
1. 크고 좋은 무를 위와 꼬리를 베어 씻어, 소금에 굴려 묻혀 독을 묻고 켜켜이 소금을 뿌려 가득 넣는다.
2. 며칠 뒤 반만 절거든 위아래를 뒤바꾸어, 4~5일 지나 절거든 오이지 짠맛 우려 놓고 삭힌 고추와 청각을 넣는다.
3. 냉수에 소금 타지 말고 가득 부어 단단히 봉한 뒤 익힌다.

*설 지난 뒤 내면 국물이 유난히 맑고 시원하며 소담하다.

~ 동지 이야기 ~

음식 이라는 것이 제철에 먹어야 맛있는 것이 따로 있나 보다. 요즘 동치미가 그런 것 같다. 떠먹을 국물이 없어서 조금 아쉬울 때 이 동치미 한 사발이면 그나마 밥상이 채워지는 느낌이 든다. 살얼음이 동동 떠 있으니 보는 것만으로도 군침이 돈다. 동치미 무 두 세 개 꺼내다 먹기 좋을 만큼 썰어 담고 국물을 부으면 시원하고 개운하여 참 맛있다. 물고구마 먹을 때 아주 환상적이다.

별 다르게 넣는 것 없이 여름철에 먹다 남은 오이지와 삭힌 고추 청각만 넣었는데도 그 특유의 맛을 내는 동치미는 겨울철에 먹는 특별한 음식임에 틀림없다.

연탄을 때던 시절엔 연탄가스 많이 마시고 쓰러지면 언제나 이 동치미 국물 한 사발로 응급처치를 하던 시절도 있었다. 시어머님은 시할아버님께서 아주 어린 백구 한 마리를 구해 주셨는데 고된 시집살이에 마음 붙일 곳 없던 차에 강아지를 방 한 구석에 두고 지극 정성으로 돌보며 키웠으나 밥을 먹지 않고 시름시름 앓기만 했다.

시어머님은 백구에게 시할머님 몰래 고구마 한 가마니를 다 먹여 버리고 결국은 시할머님께 들켜 호되게 야단맞았다고 한다. 겨울 내내 고구마를 먹고 자란 백구는 식구들이 밭과 논으로 일하러 집을 비우면 외로워서인지 집지키는 일은 하지 않고 울기만 하여 시할아버님은 재수 없다고 여름날 어디론가 끌고 가셨다. 그 후론 백구의 소식을 듣지 못하였다는 시어머님은 백구의 뒷모습이 눈에 어른 거려 다시는 개를 기르지 않았고 한 동안은 고구마도 드시지 못했고 곁들여 먹던 동치미 국물만 한 사발씩 들이켰다고 한다.

시원한 동치미가 가슴속까지 시원해져 많은 위로가 되었을까?

8도의 반가(班家)·명가(名家) 내림음식, 김덕녀

名家 섞박지

| 재료 및 분량 |

배추 1kg, 무 2kg, 무청 300g, 소금 200g, 낙지 200g, 밤 100g
멸치액젓 200g, 찹쌀가루 100g, 고춧가루 200g, 마늘 50g
생강 50g, 실고추 5g

| 만드는 방법 |

1. 배추는 깨끗이 씻어 5cm 길이로 썰어 소금에 절인 후 건져 물기를 뺀다. 무는 배추보다 좀 크게 썬다. 무청은 잘라서 절여둔다.
2. 낙지는 7cm 길이로 씻어 깨끗이 씻은 다음 한 줌의 소금으로 문질러둔다.(소금의 작용으로 살 조직에 탄력이 생겨서 낙지살이 단단하게 굳는다.) 이때 썬 무도 함께 넣어 숨을 죽인다.
3. 절여둔 무청은 4cm 길이로 썬 다음, 무와 함께 섞어 넣는다.
4. 찹쌀가루로 죽을 쑤고, 밤은 껍질 벗겨 납작하게 썰고, 마늘과 생강은 곱게 다진다.
5. 넓은 그릇에 멸치액젓, 찹쌀죽, 고춧가루, 마늘, 생강을 넣어 고루 섞은 뒤 절인 배추, 무, 낙지 등을 넣어 고루 버무려 항아리에 담는다.
6. 무를 숨죽인 소금물로 양념 그릇을 살짝 헹궈 위에 붓고 실고추를 올려 뚜껑을 덮어 찬 곳에 둔다.

∽ 섞박지 이야기 ∽

차가운 바람이 옷깃을 여미게 하는 계절, 저마다 추위를 달래줄 메뉴를 찾게 된다. 배가 고플 때 제일 먼저 생각나는 음식이 뭔가요? 군인들은 대개 자장면이나 라면을 이야기하고, 어떤 사람은 흰 쌀밥에 무를 넣은 소고기국을 이야기하기도 한다. 김밥이나 만두와 같은 간식도 그 중에 하나다. 그리고 우리의 밑반찬인 김치도 빼놓을 수 없을 것이다.

김치는 각 지방마다 그곳의 특산물과 어울려 다양하게 발달한 우리 고유의 음식이다. 김치찌개 역시 별미다. 얼마 전에 나는 외국을 보름정도 다녀오는 동안 가장 먹고 싶었던 것이 김치찌개였다. 외국에도 훌륭한 음식이 많았지만, 그런 음식들은 '빵 쪼가리'이고 간식에 불과했다. 역시 우리나라의 음식이 제일이다. 또 날씨가 쌀쌀해지면 생각나는 것들은 따뜻한 국과 김이 모락모락 나는 흰 쌀밥, 그리고 밥상 가운데 자리 잡은 보글보글 끓는 김치찌개다.

묵은 김치에 다시멸치를 넣고 부드럽고 구수한맛을 내는 어머님의 맛, 바로 고향의 맛이다. 김치 사이사이에 박혀있는 섞박지 또한 잊을 수 없는 맛이다.

시어머님은 치아가 부실 하셔서 섞박지 한입 비어 먹는 것이 소원이라고 겨울이면 늘 말씀 하시곤 한다.

섞박지는 김장을 하기 전에 지렛김치로 담가 먹기도 하지만 아주 김장으로 담가서 다음해 이른 봄까지 곰삭혀서 먹는 지방들도 많다.

8도의 반가(班家)·명가(名家) 내림음식, 김덕녀

名家 해물섞박지

| 재료 및 분량 |

무 2kg, 배추 2kg, 갓 300g, 소금 500g, 오이 1kg, 가지 700g
동과 1kg, 소라 1kg, 낙지 400g, 생전복 400g, 실파 200g, 청고추 300g
조기젓, 준치젓, 굴젓, 밴댕이젓 각 200g, 청각 100g, 마늘 200g

| 만드는 방법 |

1. 껍질이 얇고 크고 연한 무와 좋은 갓, 배추를 각각 절인 뒤 1~5일 만에 조기젓과 준치, 밴댕이젓을 물에 담가 하룻밤 재워 짠 기를 뺀다.
2. 오이는 절일 때 소금물을 끓여 뜨거울 때 붓는다.
4. 동과는 잘라 껍질을 벗기지 말고 속을 긁어낸다.
5. 젓갈은 지느러미 꼬리를 제거하고 소라, 낙지는 깨끗이 씻는다.
6. 무와 배추, 갓은 소금 물기를 빼고 항아리에 실파, 청고추, 오이, 가지, 동과 등을 넣고 젓갈을 한번 깐 후 청각과 마늘을 위에 많이 뿌리고 국물을 넉넉히 채운다. 절인 배추와 무를 덮고 가늘고 단단한 나무로 그 위를 가로질러 누른다.
7. 겨울에 익거든 먹을 때 젓갈과 생전복, 낙지는 썰어서 먹는다.

∽ 해물섞박지 이야기 ∽

섞박지는 예전부터 김장을 하기 전에 지렛김치로 담가 먹는다. 김치는 오행의 기운이 고루 담겨 있는데, 다양한 부재료가 발효를 통해 완벽히 어우러져 있기 때문에 김치 한 가지만 먹어도 밥맛이 꿀맛이며, 먹고 나서도 든든한 느낌이 들게 해 준다. 이러한 김치를 담근다는 것은 왠지 번거롭고 어려워 보이기도 하지만, 방법을 알고 나면 의외로 쉽고, 한 번 담그면 오래 두고 먹을 수 있으니 반찬 걱정을 덜게 하는 일등공신이다.

예전에 처갓집 장맛과 김치 맛은 혼인 조건 중 중요한 척도이고 고향 사람끼리 사돈을 맺으려 하던 풍습도 전통음식 맛 때문이었다. 우리나라 민족의 삶 중에서 가장 큰 행복조건은 건강과 입맛이다. 제 아무리 진수성찬 밥상이라도 김치 없으면 밥을 먹은 둥 마는 둥 한 것 같다.

잘 익은 김치 한 가지가 열 가지 진귀한 음식보다도 입맛을 돋운다. 여자의 미모는 젊은 한때에 불과하지만, 김치의 맛은 영원한 매력이 있고 그 김치 중에서도 김장 김치의 전통적인 맛은 민족성을 대변해준다. 김치는 식물성 음식이면서도 동물성을 가미한 동, 식물성 음식이다.

기호에 따라 여러 가지 해물을 넣어 양념을 하지만 우리 집안은 바다가 가까운 곳이라 해산물이 아주 풍부했다. 그러나 나는 새우젓에 싱싱한 굴만 넣어 담갔다. 김치를 보면 집집마다 다르고, 지방마다 담그는 방법과 재료가 각양각색이다.

충청남도 논산 **박 수 분**

박수분딸기한과 대표
전국농업기술센터 강사, 장독대 문화사업단 전임강사, 향토음식개발 및 한과 컨설팅
2002 전국 고구마요리 경진대회 금상, 2006 서울국제요리경연대회 떡·한과 부문 금상
2009 아동요리지도자 자격증, 출장연회사
2009 유아 한국문화 정체성 교육프로그램(전통음식부문) 교재 만들기 참여
2010 고양시 오색국수, 장류 10여종 개발

딸기 산지에서 딸기 요리 연구의 길을 열다.

쌀농사와 딸기농사가 주로 하는 지역에 살다보니 어떻게 하면 쌀과 딸기를 많이 소비할 수 있을까 궁리한 끝에 딸기떡과 딸기한과를 만들게 되었다. 그러다보니 전통음식을 체계적으로 배워야 되겠다는 생각이 들어 2004년부터 일주일에 2-3회씩 고속버스를 타고 서울에 올라가 한국전통음식연구소 윤숙자 교수님께 수업을 받고 있다. 사범과정까지 끝내고 지금은 명인과정을 수업 중이다.

옛날 고조리서를 공부하며 각 지역 기술센터, 문화센터에 강의도 나가며 지내고 있다. 나의 고향은 충북 보은군 삼승면 내망리. 들이 넓은 지역이고 밭보다 논이 많고 쌀의 미질이 좋아 이 지역에서는 쌀농사를 많이 지었다. 삼형제 중 둘째이신 할아버지는 정미소를 운영하시고 막내 할아버지는 광산을 하셨고 큰 할아버지는 농사를 지으셨는데 삼형제분의 집이 한울타리 안에 모두 함께 살았다.

막내 할아버지 댁을 지나서 우리 집, 큰 마당을 돌아 큰 집, 그러다보니 어른도 많고 유난히 친구들을 좋아하시는 아버지 덕에 우리 집은 늘 손님으로 북적였다.

아버지께서 공무원이셨기에 사람을 두고 농사를 지었고 어머니께선 그 일꾼들 끼니까지 담당하셨기 때문에 부엌에 계시는 시간이 많았다.

그 중 기억에 남는 일은 명절이 다가오면 쌀이나 고구마를 고아서 조청과 엿을 만들고 그 조청으로 약과를 만드셨다. 밀가루에 참기름과 꿀, 술을 섞어 반죽하여 홍두깨로 밀어 썰어주시면 우리는 젓가락으로 구멍을 콕콕 찍어 쟁반에 담아드렸다. 기름에 튀겨 조청에 담가 건져 통깨를 솔솔 뿌려 항아리에 담아두고 쌀과 콩을 튀겨 엿을 녹인 다음 버무려 예쁘게 썰어 상자에 한지 깔고 정성껏 담아 선물도 하셨다. 또 따뜻한 아랫목엔 술항아리 놓고 이불을 씌워 술을 만든다.

술 익는 소리가 빗소리처럼 들릴 때가 많았다. 술이 다 익으면 걸러서 술찌게미에 사카린을 넣어 달달하게 먹기도 하고 남은 것은 부뚜막 항아리에 넣어 식초를 만들어 썼다. 그렇게 늘 부엌에 사시던 어머니의 모습을 보면서 살아온 탓인지 나도 약과를 만들어 아이들의 간식으로 주면서 키웠다.

술을 드시지 못하는 남편도 간식으로 주로 떡이나 과자를 좋아해 많이 만들었다. 입맛이 까다로운 남편 덕에 늘 정성들여 음식을 만들다보니 아이를 남매로 두었는데 그 영향으로 아들과 딸도 음식공부를 하고 있다. 바람이 있다면 좋은 재료로 바른 먹거리를 만들고 우리 가족이 만드는 음식을 드시는 분들이 건강하고 행복했으면 좋겠다. 우리 음식을 널리 보급하고 알리는 전도사가 되고 싶은 마음이다.

술 익는 소리가 빗소리처럼 들리던 유년시절

약주를 좋아하시는 아버지는 퇴근길 발그레하신 얼굴로 자전거 뒤에 과자봉지를 매달고 돌아오신다. 딸부자인 우리 집. 아버지께선 우리 큰 딸, 예쁜 둘째딸, 귀염둥이 셋째 딸, 우리 막내딸 하시면서 노래하고 무용하고 웃음꽃만발이었다.

약주를 즐기시는 아버님 덕에 우리 어머니는 음식을 만드는 일이 많으셨던 것 같다. 학교 선생님들과 동네어르신들께 자주 인사했던 기억이 난다. 초등학교시절 소풍갈 때 도시락 못 싸가는 친구들도 많았다. 늘 선생님 도시락과 김밥을 넉넉히 싸서 국화빵을 구워 주시던 어머니가 그리워진다. 명절이 가까워지면 엿을 고아 약과와 강정을 만들고 술을 담가 명절 세배오시는 분들을 위해 준비하셨다.

지금도 생각난다. 밀기울 반죽하여 누룩을 발로 꼭꼭 밟아 만들 때 작은 발로 나도 하겠다고 덩달아 밟다 다락에 올려놓고 아랫목에 항아리 이불 씌워 술을 담가두면 술 익는 소리가 비 내리는 소리처럼 들렸던 아련한 기억들.

술 거르는 날엔 술찌게미에 사카린 넣어 달달한 찌게미를 먹기도 하고 술 남은 것은 부뚜막 항아리에 넣어 식초도 만들고 텃밭의 고구마를 캐서 숭덩숭덩 썰어 튀김 만들어 주시던 어머니가 너무 그리워진다. 그런 어머니가 계셨기에 음식 만드는 일을 좋아하고 음식을 만들어 나누기를 즐겼던 것 같다.

지금은 지역특성상 딸기가 많이 나는 지역에 살다보니 딸기 소비를 많이 할 수 있는 방법이 없을까 해서 딸기한과, 딸기떡 소스, 딸기 쥬스, 딸기 냉면 등 딸기 음식개발에 노력을 다 하고 있다.

충청남도 논산
박수분선생댁 내림음식

어죽
묵밥
대추약편
대추인절미
귤병단자
건시단자
연사라교
묘화산자
삼색강정
새송이정과

8도의 반가(班家)·명가(名家) 내림음식, 박수분

名家 어죽

| 재료 및 분량 |

민물고기(빠가사리) 300g, 된장 15g, 고추장 20g, 물 2kg
멥쌀 80g, 우거지 100g, 파 40g, 마늘 20g

| 만드는 방법 |

1. 민물고기(빠가사리)를 깨끗이 손질하여 물을 붓고 고아 푹 무르면 체에 걸러 가시를 빼준다.
2. 생선 육수에 된장, 고추장을 풀어 끓인다.
3. 멥쌀을 깨끗이 씻어 물에 담구어 불리고, 우거지는 손질하여 데쳐서 먹기 좋은 크기로 썬다.
4. 끓인 생선육수에 불린 멥쌀을 넣어 끓인다.
5. 다 끓으면 우거지, 파와 다진 마늘을 넣고 쌀이 퍼지면 그릇에 담아낸다.

어죽이야기

긴긴 해에 다양한 놀이가 없을 때 우리들은 실개천으로 '친구들'을 만나러 간다.

헤엄도 치고 개울로 흘러드는 도랑 물길을 막아 보싸움도 하며 시간을 보내다가 실증이 날 때쯤에는 물고기를 잡는다. 보통 고기를 잡는 데는 '반도'라는 그물로 잡는다. 대나무나 막대기로 양끝을 고정시키고 그물아래 납덩이 추들을 가지런히 달아 만든 고기잡이 그물이다. 아이들은 흙탕물만 만들어 내면서 첨벙첨벙 거릴 뿐 그냥 신바람으로 피라미나 잡지만 동네 청년들은 메기, 쏘가리, 빠가사리 등을 많이 잡아 매운탕을 끓여 먹는다.

특히 우리 집에서는 빠가사리 어죽을 자주 만들어 먹었다. 모든 잡고기를 다 넣고 푹 고아 살이 없어지고 뼈만 남아 있으면 채에 걸러 국물을 양념하여 끓이면 그 어느 것이 이 맛을 따라올지....

8도의 반가(班家)·명가(名家) 내림음식, 박수문

名家 묵밥

| 재료 및 분량 |

메밀묵 130g, 멸치육수 400g
김치 20g, 돼지고기 50g, 다진 마늘 3g
청장 2g, 소금 5g, 후춧가루 1g, 참기름 10g, 깨소금 12g

| 만드는 방법 |

1. 메밀묵을 채 썰어 끓는 물에 데쳐 물기를 뺀다.
2. 멸치는 손질하여 육수를 내어 간을 맞춘다.
3. 잘 익은 김치를 송송 썰어 참기름에 묻혀준다.
4. 돼지고기를 곱게 다져 소금, 후춧가루로 밑간하여 볶아준다.
5. 그릇에 채 썬 묵을 담고 김치와 고기를 올리고 깨소금을 넣고 육수를 부어준다.

묵밥 이야기

메밀은 기름기가 전혀 없는 산비탈 자갈밭에서도 잘 자란다.

또 웬만한 가뭄에도 견디며 싹이 잘 나서 초가을 흐드러진 꽃을 피우고 알곡을 맺는다.

가을이 되어 갈무리된 메밀 알곡은 기나긴 흉년의 겨울을 보내는데 요긴하게 쓰인다.

메밀을 볼 때마다 나는 흐드러지게 피었던 메밀꽃을 떠올린다.

화려하지 않고 순박한 꽃처럼 메밀묵의 맛도 자극이 없고 순하며 부드럽다.

양푼에 고추장을 넣어 쓱쓱 비비면 양푼 속의 밥들이 어디로 다가버리는지 먹어도 먹어도 그리운 맛!

8도의 반가(班家)・명가(名家) 내림음식, 박수분

名家 대추약편

| 재료 및 분량 |

대추 70g, 불린 한천 90g, 설탕 80g, 생강가루 2g, 계피가루 2g

| 만드는 방법 |

1. 대추는 손질하여 물을 붓고 푹 삶아 체에 내린다.
2. 대추고에 생강가루와 계피가루를 넣어준다.
3. 맛을 낸 대추고에 설탕과 불린 한천을 넣어 조린다.
4. 조려진 것을 틀에 넣어 굳히고 모양내어 썰어준다

대추약편 이야기

대추는 보자마자 먹지 않으면 늙는다는 옛말이 있다. 또 속담에는 '양반 대추 한 개가 하루아침 해장'이라는 말이 있으며 이슬람교도들은 금식을 끝내면서 제일 먼저 대추를 먹기도 한다.

여름에 가장 늦게 열매를 맺기 시작하여 가을걷이 중 제일 먼저 수확하는 것이 대추란다.

날 것으로 먹어도 되고 시루떡이나 약식 만들 때 필수적으로 들어가는 재료이며, 제사상에는 반드시 올리는 과일이다. 그밖에 잘게 썬 것을 수정과나 식혜에 띄워 먹기도 하며 날 것을 그대로 먹기도 하고, 말려서 저장하여 먹기도 한다. 이 같이 약방의 감초처럼 여러모로 쓰인다. 우리 집에서는 간식거리로 어머님이 양갱처럼 대추를 푹 고아 채에 걸러 한천과 같이 섞은 다음 굳혀 편을 만들어 간식으로 대용했다. 요즘처럼 간식거리가 흔하지 않던 때라 아주 귀하게 조금씩 베어 먹던 기억이 난다.

8도의 반가(班家)·명가(名家) 내림음식, 박수분

名家 대추인절미

| 재료 및 분량 |

찹쌀 400g, 소금 6g, 대추 100g, 거피팥고물 1kg, 설탕 100g

| 만드는 방법 |

1. 찹쌀을 깨끗이 씻어 물에 담두었다가 물기를 빼서 소금을 넣고 곱게 빻아준다.
2. 대추를 깨끗이 손질하여 곱게 다진다.
3. 거피팥은 물에 불려 거피하여 김 오른 찜통에 넣어 20분정도 찐 후 뜨거울 때 방망이로 빻아 체에 내려 거피팥고물을 준비한다.
4. 김 오른 찜통에 찹쌀가루를 넣어 무르게 쪄 준 다음, 다진 대추를 함께 넣어 쳐준다.
5. 대추인절미를 먹기 좋은 크기로 잘라 거피팥고물을 묻혀준다.

～ 대추인절미 이야기 ～

이른 아침 학교 가는 내 등 뒤에서 어머니가 일찍 오라 당부하셨다.

오늘은 제삿날이다. 어머니는 제삿날이면 아주 분주하시다. 몇 일전부터 장에 가셔서 제사 지낼 음식 재료를 사오시어 준비 하시느라 바쁘시다.

늘 제삿날이면 우리 집에서 준비하는 것이 있다. 어머니가 찹쌀로 고두밥을 지어 암반에 쏟아 부으시면 남자 어른들은 떡메를 치신다. 그 떡판에 어머니는 대추 다진 것을 섞어 넣으시고 손에 소금물을 발라가며 뒤집어 밥알이 으깨 지도록 치고 뒤집고 하여 한 점씩 떼어 주시면 우리 형제들은 신이 나서 소꿉놀이 하듯 인절미를 주물럭거리며 모양을 만든다. 우리들은 팥고물을 머리에, 얼굴에 묻혀가며 한참을 씨름하고 나면 우리들 얼굴은 볼 만 했다. 서로의 얼굴을 보고 까르르 웃어가며 참 즐거운 일이었다.

어머니는 함지박에 떡을 담으시며 저녁에 '제사지내고 먹어라' 하신다. 우리는 침을 삼키며 제사가 끝나기를 눈을 비비며 기다렸었다.

8도의 반가(班家)·명가(名家) 내림음식, 박수분

名家 귤병단자

| 재료 및 분량 |
찹쌀 300g, 소금 2.5g, 귤껍질 200g, 설탕 80g, 꿀 100g, 잣가루 100g

| 만드는 방법 |
1. 찹쌀은 깨끗이 씻어 물에 담갔다가 물기를 빼어 소금을 넣고 가루로 빻는다.
2. 귤껍질은 손질하여 곱게 채치고 설탕에 조린다.
3. 찹쌀가루를 김 오른 찜통에 15분 정도 투명하게 푹 찐다.
4. 잘 쪄진 떡에 꿀과 귤 조린 것을 넣고 섞어서 쳐 준다.
5. 잘 쳐진 떡을 펴서 먹기 좋은 크기로 잘라 잣가루를 묻힌다.

귤병단자 이야기

내가 학교 다니던 당시 수학여행을 제주도로 가는 일은 대단히 큰일이었고 드문 일이었다.

수학여행을 가기 몇 일전부터 잠을 설치며 기다려 드디어 제주에 도착했다. 푸른 바다가 너무 시원하고 거친 바람구멍이 숭숭 뚫린 돌멩이들이 참 신기했다. 또 신기한 것을 연두색이 감도는 노르스름한 처음 보는 과일이었다. 요즘의 귤이었다. 가격이 얼마 인지는 기억나지 않으나 꽤 비쌌던 것 같다. 선생님께서 한 개를 주시며 껍질을 까서 먹으라 하셨다.

알맹이를 입안에 넣는 순간 새콤달콤함이 입안에 퍼져 눈물이 핑 돌며 향긋한 내음이 코를 찔렀다.

낮에 선생님이 주시던 그 과일 맛을 잊을 수 없었다. 아이들은 숙소 마당에서 장작불을 피우고 둘러 앉아 노래를 부르며 흥겨운 캠프파이어를 즐기고 있는 동안 나는 주인아주머니를 찾아가 그 귤을 구해 달라고 해 가지고간 용돈을 모두 털어 3개를 사가지고 집에 왔다. 어머니께 다른 식구들 몰래 드렸더니 할아버지께 한 개 드리고 또 한 개는 아버지, 그리고 나머지 한 개는 동생들에게 나누어 주고 정작 어머니는 못 드시는 것이었다. 어머니는 그 귤껍질을 모아 솥에 생강과 물을 함께 넣어 따뜻한 귤강차를 만들어 주셨는데 향이 너무 좋았다.

8도의 반가(班家)·명가(名家) 내림음식, 박수분

名家 건시단자

|재료 및 분량|

곶감 400g, 녹두 300g, 꿀 80g, 잣가루 50g

|만드는 방법|

1. 좋은 곶감을 골라 씨를 빼 살이 두꺼우면 얇게 저민다.
2. 손질한 곶감을 얇게 편다.
3. 녹두를 거피하여 물에 불려 김 오른 찜통에 15분 정도 쪄준다.
4. 잘 쪄진 녹두고물을 방망이로 쳐서 체에 내린다.
5. 녹두고물에 꿀을 넣어 소를 만든다.
6. 얇게 편 곶감에 소를 넣고 빈틈없이 말아준다.
7. 말아 놓은 곶감에 잣가루를 묻혀서 예쁘게 썰어준다

∽ 건시단자 이야기 ∽

감을 딸 때는 겨울에 먹을 간식인 홍시와 곶감을 만들 감이기에 상처 없이 따야한다. 매년 10월 중순이면 곶감을 만든다. 곶감용으로 쓸 감은 땡감이라고 하는데, 단감 말고 떫은맛이 나는 감이다. 그 땡감이 붉게 익기 시작할 때 나무에서 딴 다음 껍질을 깐다. 그리고 나서 꼭지를 따고 나뭇가지에 꿰어서 햇볕이 잘 드는 곳에서 일주일 이상 말리면 옛날식 곶감이 된다. 꼭지를 따지 않고 꼭지를 실로 연결해서 여러 개를 쭉 늘어뜨려 놓은 상태에서 햇볕이 잘 드는 곳에 바람을 쐬면서 말려주면 요즘에 많이 볼 수 있는 건시감이 된다. 말랑말랑하고 붉은 곶감은 3,4일 정도만 말린 것이고, 딱딱하고 검은 색이 도는 곶감은 2주 이상을 말린 것이다. 곶감이 다 되기 전 말랑할 때 냉장고에 보관해 두었다가 겨울에 먹으면 그 맛은 일품이다. 말랑말랑 달콤한 것이 그야말로 꿀맛이다.

8도의 반가(班家)·명가(名家) 내림음식, 박수분

名家 연사라교

|재료 및 분량|

밀가루 270g, 물 45g, 식용유 10g
소 : 대추 350g, 잣 40g, 깨소금 40g, 꿀 36g
　　계피가루 2g, 후춧가루 2g
시럽 100g, 생강즙 5g, 계피가루 2g, 후춧가루 2g

|만드는 방법|

1. 밀가루에 기름을 넣어 고루 비벼 고운체에 쳐서 물로 반죽하여 둔다.
2. 반죽을 밀대로 얇게 비치게 밀어준다.
3. 대추는 곱게 다지고 잣가루, 깨소금, 꿀, 후춧가루, 계피가루를 섞어 소를 만든다.
4. 밀가루 피에 소를 넣고 만두과보다 훨씬 작게 빚어 가장자리를 틀어 주름잡아 만들어준다.
5. 연사라교를 기름에 지져 시럽에 생강즙을 넣고 계피가루, 후춧가루를 섞어 담갔다 건져 잣가루를 뿌린다.

❧ 연사라교 이야기 ❧

새해 첫날 설빔을 갈아입고는 여자라서 차례를 못 지내고 마루 끝에 쪼그리고 앉아 차례가 끝나기를 기다린다. 온통 마음과 눈은 차례상 위에 있는 음식에 가 있다. 차례가 끝나면 할머니는 젖은 음식은 그 자리에서 먹고 음복하며, 마른 음식은 커다란 바구니에 담아 벽장에 두셨다. 그러기 전 쏜살 같이 달려가야 연사라교를 먹을 수 있으나 어른들의 따가운 시선에 꼼짝 못하고 군침만 흘렸는데 내 마음을 알아차린 아버지께서 다른 어른들 몰래 내 손에 연사라교를 쥐어주시던 기억이 난다. 얼른 받아든 나는 뒤뜰로 달린다. 누가 볼 새라, 누가 쫓아올 새라 단숨에 뒤뜰 굴뚝 옆으로 숨어 한 입 베어 물면 몇 달을 기다려온 보람을 느낀다. 고소하고 달콤하며 은은한 대추 향, 그 맛에 어머니 치맛자락을 잡고 다니며 할머니가 계신 방을 들락거린다. 행여 할머니께서 연사라교를 주시려나, 언제 다락문이 열리려나 추운 날 할머니 방 앞을 서성이며 할머니가 부르시기를 목을 빼고 기다렸다.

8도의 반가(班家)·명가(名家) 내림음식, 박수분

名家 묘화산자

| 재료 및 분량 |

밀가루 180g, 물 90g, 꿀 36g, 소금 1g
각색고물 : 세반 20g, 흑임자 50g, 파래가루 20g, 꿀 100g

| 만드는 방법 |

1. 밀가루를 체에 곱게 내려 준다.
2. 체에 내린 밀가루에 소금, 꿀, 물을 섞어 반죽한다.
3. 반죽을 방망이로 밀어 길이는 7~8cm, 두께는 0.5cm로 잘라 준다.
4. 160℃의 기름에 잘라놓은 밀가루 반죽을 노릇하게 튀겨준다.
5. 튀겨낸 묘화산자의 기름을 빼고 꿀을 발라준 뒤 각색고물을 묻힌다.

❧ 묘화산자 이야기 ❧

4대가 모여사는 종가 집이라 사랑채에는 늘 손님이 많이 오셨다. 그 때면 어머니는 술상이나 다과상을 차려서 사랑채로 들고 가셨다. 지금의 산자는 손가락 굵기만 하다. 그러나 나 어릴 때 산자는 주먹만 했던 것 같다. 조그만 내 눈에는 그렇게 커보였던 것이다. 특별히 귀한 손님이 오시면 산자를 올리신다. 잣가루, 흑임자, 송화가루 등을 묻혀 놓아 아주 예쁘고 화려한 산자는 어머니 손에 의해 사랑방으로 들어간다. 그 때부터 나의 기다림이 시작 되는 것이다.

어느 날인가 손님이 오시고 어머님이 다과상을 들고 사랑방으로 들어 가셨다. 나는 사랑방문을 주시하며 손님이 가시기를 기다렸다. 그런데 손님이 10분도 채 지나지 않아 나오셨다. 나는 너무도 좋았다. 내 계산으론 손님이 산자 드실 시간이 없었으리라 생각 됐기 때문이다. 나는 얼른 인사드리고 방으로 달려 들어갔다. 그런데 이게 웬일인가? 다과상에는 산자가 하나도 없었다. 너무 서운 했다. 언제나 한 두 개는 남아 있었는데... 오늘은 손님이 다 드실 시간이 없었으리라 생각했는데... 나는 그 자리에서 엉엉 울고 말았다. 돌아서 가시던 손님이 내 울음소리에 방으로 들어오시고 산자가 이유인 것을 안 손님은 주머니에서 산자를 꺼내 한 개 주시는 것이었다. 그 손님은 어머님 드리려고 싸가지고 가시던 것이었다. 그 분의 어머님이 병환 중이신데 우리집 산자를 먹고 싶어 하셔서 얻으러 오신 것이었다.

8도의 반가(班家)·명가(名家) 내림음식, 박수분

名家 삼색강정

새우쌀강정

| 재료 및 분량 |

말린 쌀 60g, 시럽 60g, 말린 새우 30g

| 만드는 방법 |

1. 쌀을 불려 무르게 삶아 소금물에 담갔다 충분히 헹궈 건진 뒤 전분이 빠지면 서로 붙지 않게 말려준다
2. 잘 말린 쌀을 기름에 튀겨서 기름을 빼준다.
3. 강정시럽을 만들어 둔다.
4. 새우를 다져서 튀긴 쌀에 시럽을 넣어 버무려 동그랗게 모양을 만들어준다.

표고쌀강정

| 재료 및 분량 |

말린 쌀 60g, 마른 표고 10g, 시럽 160g

| 만드는 방법 |

1. 깨끗이 씻어 잘 말린 표고를 곱게 다진다.
2. 다져진 표고버섯을 노릇하게 튀겨준다.
3. 튀긴 쌀에 표고버섯 다져 튀긴 것을 섞고 시럽에 버무려 동그랗게 모양을 만들어준다.

다시마쌀강정

| 재료 및 분량 |

말린 쌀 60g, 튀긴 다시마 20g, 시럽 160g

| 만드는 방법 |

1. 튀긴 다시마를 다져 놓는다.
2. 튀긴 쌀에 다진 다시마를 섞어 놓는다.
3. 튀긴 쌀과 튀긴 다시마에 시럽을 넣어 버무려 동그랗게 모양을 만든다.

*강정시럽은 물엿 100g, 설탕 100g을 넣어 중불에 끓여 설탕이 녹으면 불을 꺼준다.

삼색강정 이야기

그리도 무서운 겨울이 물러날 때 쯤 마을 한가운데서 "뻥이요"하는 소리가 들리면 곧 하늘을 울리는 커다란 대포 소리가 난다. 한 달에 한 번 정도 뻥튀기 아저씨가 마을로 오신다. 뻥튀기 아저씨가 오시는 줄 언제들 알았는지 벌써부터 깡통이 줄지어 있다. 깡통 속에 흰떡 말린 것, 보리, 콩, 옥수수, 쌀, 그리고 누룽지 등 제각기 곡식을 채워 줄을 세워 놓는다. 그 옆에 장작을 놓아두는 아이도 있다. 땔감을 가지고 오면 돈을 덜 받는다.

여기저기 옹기종기모여 자기 차례오기를 기다리다 "뻥이요" 하고 아저씨가 선창하면 모두들 귀를 틀어 막고 눈까지 질끈 감는다. 숨까지 멈추고 머리를 꿩처럼 다리 사이로 감춘다. 마치 정말 폭탄이 터지는 것 같았나보다. 가슴을 조이며 기다리면 뻥 소리가 나며 하얀 연기를 뿜는 커다란 대포가 두 동강이 난다. 그 순간 동네 아이들은 달려들어 흩어지는 강냉이와 쌀 튀밥을 서로 입에 넣느라 한 웅큼씩 집어 든다. 아저씨가 저리가라 소리치면 흩어졌다 다시 "뻥이요" 소리가 나길 기다린다. 아저씨의 선창은 강냉이를 먼저 집어먹을 수 있는 달리기의 준비소리다. 그렇게 튀긴 쌀을 집에서 엿을 고아 버무리고 콩을 넣어 버무려 강정을 만든다. 다시 볼 수 없는 정겨운 모습들이 아련히 떠오른다.

8도의 반가(班家)・명가(名家) 내림음식, 박수분

새송이 정과

| 재료 및 분량 |

새송이 200g, 설탕 200g, 꿀 10g

| 만드는 방법 |

1. 새송이버섯을 0.3cm 두께로 저민다.
2. 썰어 놓은 새송이 버섯에 설탕을 뿌려 두었다가 설탕이 녹으면 그대로 졸여준다.
3. 투명해지면 꿀을 넣어 윤기 나게 해준다.

~ 새송이 정과 이야기 ~

안방 따뜻한 아랫목에는 항상 할머니가 앉아 계신다. 할머니 뒤쪽에는 다락이 있다. 우리 집 보물 창고이다. 유다락 안에 항아리가 있는데 그 속엔 정과도 있고 약과도 있고 맛난 것들이 가득 담겨져 있다. 할머니가 다락 문만 여시면 동생들과 나는 기웃거린다. 혹시 할머니께서 맛난 먹거리를 주시려나 하고...

학교에서 돌아온 어느 날 안방문을 여니 할머니는 안 계시고 동생들이 다락문을 열고 항아리 속의 과자들을 꺼내 먹고 있었다. 나는 순간 가슴이 콩콩 뛰었다. 동생들도 화들짝 놀라 모두 그대로 얼어 버렸다. 큰일이었다. 과자를 훔쳐 먹은 동생들도 큰일이지만 동생들 잘못이 모두 내게로 돌아오기 때문이다. 나는 동생들을 야단치며 다락문을 닫고 먹던 과자들을 싸들고 동생들을 데리고 안방을 빠르게 도망쳐 뒷동산으로 피했다. 엄한 할머니께 잡히면 큰 일이였다. 우리 형제들 모두 회초리는 물론이고 어머니도 꾸지람을 들을 것이고 또 벌로 저녁 한 끼는 굶어야 되기 때문이다. 땅거미 질 무렵 집으로 살금살금 들어가니 할머니는 아무 일 없다는 듯이 "저녁 먹어라"하고 말씀하셨다. 나중에 어머님이 말씀해 주셨는데, 할머니는 과자가 없어진 것을 아셨다 한다. 그 과자들은 당연히 손주들 주려고 했던 것이라 모른 척 하셨던 거라며 어머니께서는 다음부터 그러지말라 하시고 따끔하게 타이르셨다.

경상북도 대구 **박 순 애**

한국혼례음식문화연구원 원장
대경대학 호텔조리학부 강사, 대구한의대학교 대학원 한방식품학과 박사과정
2005 APEC정상회담 한국궁중음식 특별전 참여
2005 서울세계요리경연대회 전통발효음식 부문 금상
2007 한국음식대전 은상(농림부장관상)
2008 전국떡만들기경연대회 대상(농림수산식품부장관상)
2009 대구음식관광박람회 약선창작요리경연대회 대상
2010 국제양생약선요리대회 금상

음식재료와 친숙했던 유년시절

나는 밀양박씨의 시조인 박혁거세의 65대손이며 중 중조 이요당파 29대손인 아버지 박세규씨와 어머니 이태한씨의 둘째 딸로 태어났다.

할아버지의 직업은 농부셨다. 여러 채소 중에 주로 파 농사를 지으셨는데 이유는 '파'란 작물이 여름 장마에 물에 잠겨 넘어져도 밭에 물이 빠진 후 흙을 높게 덮어 세워두면 다시 자라나는 끈질긴 생명력을 가지고 있어서 농사에 실패할 확률이 적었기 때문이다. 아버지도 채소를 대량으로 유통하는 일을 하셨는데 그 영향으로 나는 음식재료인 채소와 친숙하게 되었다. 어린 시절부터 음식에 대해 많은 관심이 있던 나는 초등학교에 들어가기 전부터 여러 음식들을 만들어보고 색다른 음식을 만들게 되면 동네 사람들에게 나누어 주었다. 주위 분들과 친구들에게 요리사 같다는 칭찬을 들을 때면 어깨가 으쓱해지는 기쁨을 느끼곤 했다.

재료의 참맛을 살린 내림음식

내 고향 대구경북 지방의 음식은 맛이 강하고 짠 편이라고 알려져 있는데 더운 날씨 등의 기후조건 때문에 실제로 맛도 그러하다. 하지만 친정어머니는 음식을 만드실 때 소금과 양념 등을 많이 사용하지 않으셨다. 콩나물 볶음을 할 때도 참기름만 약간 넣고 뚜껑을 덮지 않고 볶은 다음 찬 곳에 두었다가 내어 주시는데 씹을 때 콩나물의 사각사각한 맛과 고소한 참기름 맛이 그대로 살아있어 담백한 맛이 일품이었다. 겨울이 되면 앞마당에 파를 심어두었다가 고기나 생선요리에 꼭 움파를 넣어 달콤하면서도 부드러운 맛을 내셨는데 재료 그대로의 맛을 최대한 끌어내 깔끔한 맛을 내는 것이 친정집 음식의 특징이었다.

부모님은 어려운 어린 시절을 보내셨기 때문에 음식을 대할 때는 음식을 만든 이의 수고로움과 함께 맛있는 음식을 먹을 수 있는 건강함에 항상 감사하라고 말씀하시고 또 실천하셨다. 친정 부모님은 김치가 한 가지만 있는 소박한 밥상도 밥 한 톨 남기지 않고 아주 맛있고 감사하게 드셨고 시부모님 또한 음식을 드실 때는 맛있게 드시고 남겨서 버리는 일이 없는 알뜰한 생활을 하고 계신다.

전통음식 연구가로 이끈 음식에 대한 호기심
친정집에는 빛바랜 양은 냄비가 있다.

친정에는 한쪽 바닥이 찌그러지고 원래는 노란색이었을 것 같은 색상이 닳고 닳아 아주 반짝거리는 은색으로 변해 있는 가벼운 양은 냄비가 있다. 친정어머니가 시집오시기전에 구입을 하셨으니 40년도 훌쩍 넘는 그릇인데도 지금까지 쓰고 있으니 제법 튼튼하게 만들긴 했나보다.

옛날 우리 집 안방에는 부엌으로 통하는 쪽문이 있었는데 잠을 자다가 코끝으로 맛있는 냄새가 느껴지면 엎드린 채로 문을 살짝 밀어 어머니가 음식 하는 모습을 지켜보곤 했다.

또닥또닥 도마 위에서는 어머니의 칼놀림이 부지런히 움직이고 있었고 나는 눈을 부비며 부엌으로 나가 벌건 연탄불위에서 끓고 있는 김치찌개를 들여다보고 있었는데 어느 순간 나도 모르게 양은냄비를 손으로 잡았다가 갑자기 눈앞이 캄캄해졌다. 머리카락이 하늘로 솟는 것 같이 아팠고 한참 뒤에야 눈물이 쏟아졌다. 엄지손가락이 완전히 데어 열흘 동안 아팠는데 지금도 그 기억이 생생하다. 요리에 대한 호기심이 만든 유년 시절의 아픈 추억 한토막이다.

전통음식 연구의 길, 그리고 스승님

어릴 때부터 부모님이 일터에 나가시면 우리 삼남매만 남아 밥 먹는 일이 많았다. 새벽에 어머니가 부엌에서 음식을 만드시면 방안에 누워 부엌으로 통하는 쪽문을 열어 놓고 눈을 부비며 어머니가 만드시는 모습을 잘 보아두었다가 따라 만들어 보곤 했다.

대학을 졸업하고 큰 양식당에 취직해 양식 조리사의 꿈을 키우고 있을 쯤 양식의 본고장인 유럽으로 배낭을 메고 식도락여행을 갈 기회가 생겼다.

그 사람들의 생활 가까이 다가가 자국 음식에 대한 애정과 건강식에 관한 관심을 보게 되면서 우리 한국음식이야 말로 가장 세계적인 건강음식이 될 것이라는 확신을 갖게 되었다.

그런 이유로 전통음식을 공부하게 되면서 한국전통음식연구소를 알게 되었고 처음으로 윤숙자 교수님을 뵙게 되었는데 한복이 아주 잘 어울리는 단아한 모습과 함께 전통음식의 우수성을 말씀하시는 열의에 찬 눈빛에 무척 감동을 받았다.

그때부터 지금까지 전통음식연구가가 내 길이라는 생각으로 정진하고 있으며 전통음식을 알면 알수록 우리 음식의 우수성과 조상님의 지혜, 스승인 윤숙자 교수님의 제자라는 기쁨에 늘 감사해한다.

경상북도 대구
박순애선생댁 내림음식

돔배기견과류찜
상어두치
경상도식즙장
도토리 찰시루떡
어름소편
사과설기와 단자
살구떡
강반
도라지 · 구기자연근정과 · 다시마정과
석감주

8도의 반가(班家)・명가(名家) 내림음식, 박순애

돔배기 견과류찜

재료 및 분량

상어(돔배기) 500g, 간장 90g, 물엿 50g, 밤 100g, 대추 50g
다시마 20g, 양파 50g, 파 20g, 마늘 10g, 청양고추 20g

만드는 방법

1. 돔배기는 껍질과 고기를 분리하여 고기는 흐르는 물에 30분 이상 담가 핏물을 뺀다.
2. 냄비에 다시마, 양파, 마늘, 파를 넣고 잠시 끓인 후 건져내어 돔배기를 넣고 간장, 물엿을 넣은 뒤 끓인다.
3. 밤은 껍질을 벗겨서 놓고, 대추와 같이 돔배기 조린것에 넣어 윤기 나게 조린다.

돔배기견과류찜 이야기

돔배기는 경상도 지방에서는 혼례 제사상에 빠지지 않는 음식으로 상어고기를 말한다.

'돔배기'라는 말은 우리나라 근해에서 잡히는 돔발상어와 토막을 내어 큰 덩어리라는 토막고기의 의미가 경상도 사투리에서 유래되었다고 한다. 돔배기는 지리적 특성 때문에 안동 간고등어처럼 내륙지방에서 생선 보관법이 발달된 것 같고 돔배기에 소금을 뿌려 저장했다가 명절에 많이 먹었다.

예전에 음식대회에 나가 돔배기찜을 시식하는데 사람들이 와서 너무 맛있게 먹어서 상어고기라고 했더니 깜짝 놀라던 생각에 웃음이 난다. 친정에서 차리는 제사상에도 빠지면 안 되는 음식으로 제사상 장을 보실 때 친정아버지가 특히 신경 쓰시고 보는 재료이기도 하다.

보통은 전을 굽거나 꾸덕하게 말려 찌기도 하는데 우리 집에서는 맑게 찐 다음 제사상에 올렸다가 나중에 제사상의 견과류와 같이 맛간장에 살짝 졸여낸다. 그러면 그 맛이 쫀득하여 고기 맛 같기도 하지만 지방이 없어 담백한 끝 맛이 매우 좋고 두고 먹어도 잘 상하지 않아서 좋다.

8도의 반가(班家)·명가(名家) 내림음식, 박순애

名家 상어두치
(돔배기 피편)

| 재료 및 분량 |

돔배기 껍질 450g, 다시마국물 300g, 소금 3g, 파 10g, 마늘 5g
청·홍고추 각각 15g, 초고추장(초간장) 적당량

| 만드는 방법 |

1. 돔배기는 껍질과 고기를 따로 분리하여 돔배기는 껍질은 끓는 물에 데쳐낸다.
2. 데친 돔배기에 붙은 껍질과 불순물을 긁어내고 채를 곱게 썬다.
3. 다시마 국물에 돔배기채, 마늘, 파를 넣고 약한 불에서 끓인다.
4. 국물이 자작하게 졸아들면 마늘, 파를 건지고 불을 끈다.
5. 뜨겁지 않게 식으면 청·홍고추 채를 썰어 섞은 다음, 그릇에 굳혀 초고추장이나 초간장을 곁들여 낸다.

∽ 돔배기 피편 이야기 ∽

주로 경상도지방에서는 상어고기를 토막 내어 염장한 다음 포를 뜨고 꼬지에 꿰어 산적으로 제사상에 올린다. 돔배기는 건강식품으로도 좋은 음식이다.
단백질이 많고 지방이 적어 흔히 운동선수나 연예인들이 다이어트 목적으로 즐겨 먹는 닭가슴살과 비슷하면서도 몸에 필요한 다른 영양소들은 훨씬 뛰어나다. 돔배기고기를 사용할 때 남는 것이 껍질인데 고기만 발라낸 껍질은 사포같이 꺼끌꺼끌해서 푹 삶아서 껍질의 불순물을 긁어내고 잘게 썰어 어탕 만들 때 넣으면 아주 시원한 맛을 낸다. 채를 썰어 눌러서 두면 껍질의 콜라겐 성분 때문에 눌린 머리고기처럼 보이는데 청홍고추를 보기 좋게 얹어서 먹으며 '두치'라고 불렀다.
제사음식을 준비할라치면 배는 고픈데 음식에는 손도 댈 수 없으니 그림의 떡이 아닐 수 없다. 특히 음식점을 하고 늦게 오시는 작은아버지에게 어머니는 돔배기 껍질을 삶아두었다가 술 한 잔과 쫄깃한 돔배기 껍질 한 접시를 내주시면서 "고생이 많제, 다 자식 땜에 고생하는 거 아이가" 하신다. 어머니가 처음 시집오셨을 때 막내 작은아버지는 어린애여서 우리와 나이차가 별로 나지 않아 남달리 마음이 쓰이고 안쓰러우신가 보다. 제삿날이 되면 술 한 잔과 돔배기 껍질 한 접시로 친정에서는 가족들의 웃음꽃이 피어난다.

8도의 반가(班家)·명가(名家) 내림음식, 박순애

名家 경상도식 즙장

| 재료 및 분량 |

보릿가루 300g, 메주가루 400g, 찹쌀 150g, 엿기름 270g, 소금 180g
고운고춧가루 150g, 조청 280g, 호박 200g, 고춧잎 200g, 청량고추 150g
표고 300g, 가지 300g, 무 500g, 다시마 50g, 도라지 100g, 청장 적당량

| 만드는 방법 |

1. 다시마는 살짝 끓인 후 육수로 사용하고 고춧잎, 표고 등은 물에 담가 불린다.
2. 호박, 무, 가지는 채 썰어 소금을 뿌린 다음 물기를 꼭 짜고 꾸덕하게 말린다.
3. 찹쌀은 죽을 쑤어 식히고 보리 가루, 메주가루, 엿기름과 고운 고춧가루를 섞어 다시마 국물로 되기를 조절한다.
4. 여기에 절인 채소와 불린 채소를 넣고 물엿과 소금으로 간한 다음 따뜻한 곳에서 3일 정도 발효시킨다.
5. 청장으로 간을 맞추고 서늘한 곳에 보관한다.

～ 경산도식 즙장이야기 ～

우리의 장류가 영양학적으로 우수하고 저장성도 뛰어나지만 복잡한 조리과정을 거쳐야 한다. 경상도식 즙장은 만드는 과정이 편리하고 식이섬유가 풍부해 집에서는 내가 어릴 때부터 즙장을 자주 만들어 먹었다. 보리를 쪄서 절구에 찧어 둥글게 뭉쳐 잿불에 구워 새끼줄에 끼워 띄우는데, 잘 구워야 조금만 소홀히 하면 한쪽 면만 타서 끝 맛이 씁쓸하기도 한다. 띄운 보릿가루에 메주가루, 엿기름을 넣어 소화도 잘 되고 무말랭이, 도라지, 고춧잎 등도 넣고 청양고추를 꼬지로 구멍 내 넣고 삭혀서 먹는데, 가끔씩 씹히는 청양고추의 맵고 알싸한 맛이 입맛을 개운하게 한다.

옛날 어른들 말씀으로는 집에 손님이 와서 즙장을 내었더니 접시까지 먹을 정도로 맛있었다고 한다.

名家 도토리 찰시루떡

| 재료 및 분량 |

찹쌀가루 500g, 도토리가루 150g, 소금 7g
단호박 100g, 검은콩 80g , 소금 1g, 설탕 100g
붉은 팥 100g, 소금 2g

| 만드는 방법 |

1. 팥은 물을 붓고 삶아 첫물은 버리고 다시 물을 넉넉히 붓고 푹 삶아 소금을 넣고 대강 절구에 찧는다.
2. 검은콩도 물을 붓고 살캉해지도록 삶아서 소금을 넣고 섞고, 단호박은 껍질을 벗기고 채친다.
3. 찹쌀가루에 도토리가루를 섞어 버무린 후 소금을 넣고 체에 내린다.
4. 쌀가루에 검은콩, 체친 호박을 섞은 후 시루에 면보를 깔고 팥고물을 뿌린 다음 쌀가루를 안치고 다시 팥고물 쌀가루를 켜켜로 안친다.
5. 솥 위에 시루를 올려 시룻번을 붙이고 젖은 베보자기를 시루위에 덮어 센불에서 찌는데 김이 오르고 30분 이상 푹 찐다.

～ 도토리찰시루떡 이야기 ～

시집을 와서 먹은 음식 중 가장 인상 깊었던 것은 친정에서 먹어본 적 없는 도토리 찰시루떡과 쓴맛이 진한 도토리묵 무침이다.

쓴 맛이 진한 도토리묵을 먹고 배가 살살 아파서 물어보니 도토리의 살균작용이 있어서 그렇다며 곧 괜찮아 진다고 하셨는데 정말 배가 아프지 않았다

시어머님은 가을이면 산에 자주 오르내리시면서 도토리를 주워 며칠간 물에 우려내 묵을 잘 만드셨다. 또 가루로 만들어 보관했다가 찹쌀가루와 섞어 떡을 쪄서 드시기도 했다.

맛은 기억으로 남는다는 말이 있듯이 도토리찰떡이 그냥 달콤했다면 그냥 보통 떡과 같겠지만 약간의 쓴 맛과 떫은맛이 나서 더 오래 기억에 남는다.

시어머님이 어렸을 때 초봄에 먹을 것이 마땅치 않아 찹쌀을 좀 넣고 도토리 가루를 넉넉히 넣어 남은 콩과 섞어 쪄서 먹던 떡이고 친정에서 봄에 귀한 찹쌀에 콩, 호박 등을 넣고 도토리 찰시루떡을 해서 동네 사람들과 나누어 드셨다고 한다.

먹어보니 팥가루맛과 찹쌀떡에 콩 호박의 씹히는 맛 속에 쌉쌀한 도토리 맛이 여운으로 남는다. 도토리 속에 함유되어 있는 아콘산은 인체 내부의 중금속 및 여러 유해물질을 흡수, 배출시키는 작용을 하고 피로회복 및 숙취에 탁월한 효과가 있고 소화기능을 촉진시키며 입맛을 좋게 한다. 동의보감에는 늘 배가 부글거리고 끓는 사람, 소변을 자주 보는 사람, 몸이 자주 붓는 사람에게는 도토리 묵 한 가지만 섭취하더라도 원인치료가 쉽게 이루어진다고 기록되어 있다. 요즘은 음식이 풍족하고 성인병이 많아지면서 예전에 구황식이었던 음식이 자연건강식으로 각광을 받고 있다. 전통음식은 지나치게 과하지도 않고 부족하지도 않은 것 같다. 역시 옛것은 좋은 것이다.

8도의 반가(班家)·명가(名家) 내림음식, 박순애

名家 어름소편
(채소나물떡)

| 재료 및 분량 |

멥쌀가루 500g, 소금 6g, 참기름 26g, 미나리20g
소 : 숙주나물 150g, 미나리나물 150g

| 만드는 방법 |

1. 멥쌀가루에 소금, 참기름을 넣고 비벼서 체에 내린다.
2. 미나리와 숙주는 끓는 물에 소금을 약간 넣은 뒤 삶아 물기를 꼭 짜고 다진다.
3. 체에 내린 쌀가루에 물을 주어 반죽하고 김 오른 찜통에 15분정도 쪄낸 다음 꽈리가 일도록 친다.
4. 한쪽 떡반죽에 다진 미나리를 넣어 반죽하여 편편하게 밀어 다진 미나리 나물을 소로 넣어 개피떡 모양으로 떡을 빚는다.
5. 흰 반죽을 편편하게 밀어 다진 숙주나물을 소로 넣어 같은 모양으로 떡을 빚는다.

*어름소편은 근대이후에 만들어진 떡으로 개피떡과 같이 만들되 갖은 양념을 한 채소(숙주, 오이, 미나리)소를 넣어 만든다

∽ 어름소편 이야기 ∽

우리 집의 내림음식을 이야기 할 때 차례상과 제사상 이야기를 하지 않을 수 없다. 그때가 가장 음식이 풍족하고 또 남은 음식을 알뜰하게 먹는 방법이 많기 때문이다.

친정집의 제사상은 특히 나물류가 굉장히 많다. 기본 삼색나물에 손이 많이 가는 채소를 장만하여 숙주, 미나리, 가지, 콩나물 등을 다듬고 삶아 음복 한 뒤 나물을 보관했다가 달달 볶아 밥에 비벼 먹기도 하지만 멥쌀가루를 쪄서 나물을 소로 넣어 어름소편을 만든다.

특히 숙주나물과 미나리를 많이 사용하는데 연한 미나리는 전을 굽는데 쓰고 걸 줄기는 삶아 채소로 쓴다. 설이나 추석 때 기름진 음식에 물릴 때쯤 이면 어름소편은 별미가 된다.

외할머니가 일찍 돌아 가셔서 엄마는 혼자서 어린 나이에 살림을 맡아 하셨기 때문에 음식을 버리는 법이 없다. 어름소편은 이름과 같이 시원하게 먹는 것이 더 맛있는데 먹으면 떡의 쫄깃한 맛과 아삭아삭 씹히는 나물 맛 뒤에 참기름의 고소함이 있고 떡을 먹으면서 밥과 반찬을 같이 먹는 것과 같아서 든든한 한 끼 식사로도 좋고 나물과 같이 먹으니 변비 예방에 도움을 준다.

8도의 반가(班家)・명가(名家) 내림음식 박순애

사과설기와 단자

|재료 및 분량|

설기: 멥쌀가루 500g, 소금 8g, 사과 250g, 말린 사과 70g, 설탕 80g
절편: 멥쌀가루 200g 소금 3g 사과 50g

|만드는 방법|

1. 사과는 껍질을 벗겨 설탕을 넣고 믹서에 갈아서 졸이고 말린 사과는 잠시 물에 불려 둔다.
2. 멥쌀가루는 분량의 소금을 넣고 체에 내린 후 졸인 사과를 넣어 쌀가루의 되기를 조절하면서 물을 넣어 준다.
3. 수분을 준 쌀가루를 체에 내린 다음 찜기에 젖은 면보를 깔고 쌀가루를 넣고 말린 사과를 켜켜로 넣어 쌀가루를 다시 뿌려 김 오른 찜통에 15분정도 찐다.
4. 멥쌀가루에 소금을 넣어 물을 넣어 되직하게 반죽하여 김 오른 찜통에 15분정도 찐다.
5. 사과를 잘게 썰어서 찐 떡 반죽이 뜨거울 때 섞어 절편을 동그랗게 만든다.

사과설기이야기

대구 경북은 사과의 주산지다. 대구 경북의 건조하고 일조량이 풍부한 기후는 과실 농사에 적합하다.

사과는 우리말로 능금이고 그 어원은 임금으로 임금 왕과 발음이 같아 상서로운 과실로 여겨졌다.

친정집에서는 어릴 때부터 살구, 딸기, 사과 등 과일을 풍족하게 먹었다. 특히 사과를 많이 먹었는데, 가을에 먹는 사과의 펙틴이나 기타 성분들은 체내에 나트륨을 배출하고 혈관을 튼튼하게 하여 겨울에 발병하기 쉬운 고혈압 등 혈관계질환을 예방해준다고 한다. 그래서인지 우리 친정식구들은 고혈압 환자가 없다.

사과를 먹다가 남게 되면 얇게 썰어 설탕을 뿌린 뒤 살랑살랑 바람 부는 그늘에 말렸다가 쌀가루에 말린 사과를 뚝 뚝 끊어 넣어 섞어서 쪄 먹었다. 또 흰떡을 쪄서 맛이 심심하다면 사과 말린 것을 잘게 썰어 넣어서 안반에 대고 쳐서 먹으면 떡 사이사이로 보이는 사과의 상큼한 향과 쫄깃한 식감이 참 기분 좋아지는 떡이 된다.

어릴 때 친구들과 동네를 뛰어 놀다가 집에 오면 김이 모락모락 올라오는 떡을 먹을 수가 있었다. 비오는 날에 사과 떡 내음은 입안에 침이 고일정도로 맛있게 느껴진다.

名家 살구떡(행병)

| 재료 및 분량 |

멥쌀가루 500g, 소금 7g, 설탕 80g, 살구 150g
거피팥 150g, 소금 3g
장식 : 도라지정과 50g

| 만드는 방법 |

1. 멥쌀가루에 소금을 넣고 체에 내리고 살구는 씨를 빼고 푹 쪄서 체에 걸러내 즙을 만든다.
2. 거피팥은 거피하여 물에 불려서 김 오른 찜통에 푹 찐 다음 소금을 넣고 절구에 찧어 체에 내린다
3. 쌀가루에 설탕을 넣고 살구즙으로 되기를 조절하여 반죽을 한 다음, 김 오른 찜통에 15분정도 찐다.
4. 찐 떡 반죽을 살구모양으로 만들거나 단자처럼 만든 후 거피팥고물을 묻힌다.

∽ 살구떡(행병)이야기 ∽

달콤하고 상큼한 맛이 일품인 살구는 아폴로 13호 우주탐사대의 식량으로 사용되었을 만큼 효과를 인정받은 동서양의 건강식품이며 비타민 A와 C가 많아 야맹증 피로회복에 좋다고 한다.

내가 임신했을 때 친정어머니가 복숭아, 살구를 많이 먹으라고 하셨다.

여름에 살구가 지천으로 많을 때 친정엄마는 살구를 많이 구입하셔서 씨를 빼고 큰 냄비에 삶고 분마기에 곱게 갈은 다음 쌀가루에 섞어 대청마루에 선풍기 틀고 말리셨다.

아침, 저녁으로 일 나가시면서 쌀가루 잘 마르게 선풍기 이리저리 옮겨 놓으라고 하셨는데 어린 마음에 성 가셨던 기억이 난다.

그때는 까마득히 잊고 있다가 늦가을 긴긴밤에 살구떡을 먹으면서 그 쌀가루가 여름내 말리던 가루인지 알게 된 것은 한참 큰 후였다.

여름 과일을 쌀가루에 섞어 말려 가을, 겨울철에 운치와 향을 즐기셨다니 조상님의 지혜와 여유를 느낄 수 있다. 음식공부를 하다보면 자연의 순리와 그 이치에 순응하여 사신 조상님들의 지혜에 저절로 고개가 끄떡여질 때가 많다.

8도의 반가(班家)·명가(名家) 내림음식, 박순애

名家 강반(산자밥풀)

| 재료 및 분량 |

찹쌀 600g, 멥쌀 200g, 술 200g
콩물 85g, 소금 6g, 튀긴 밥풀 1kg
집청 : 조청 740g, 물엿 460g, 생강즙 64g, 계피가루 4g

| 만드는 방법 |

1. 찹쌀을 깨끗이 씻어 1~2주일 정도 담가두고 골마지가 끼면 여러 번 씻어 헹구어 빻아 삭힌 찹쌀가루를 만든다.
2. 멥쌀도 깨끗이 씻어 물에 담근 뒤 곱게 빻아 찹쌀가루와 섞고 소금, 술, 콩물을 넣고 떡 반죽같이 반죽한 뒤 김 오른 찜통에 40분 이상 푹 찐다.
3. 완전히 투명해 진 떡 반죽을 안반에 부어 흰색이 될 때까지 친다.
4. 반죽이 굳어지면 8×8cm 크기로 크게 썰어 온돌방에 말린다.
5. 미지근한 튀김기름에 바탕을 불린 후 150℃ 온도의 기름에 크게 부풀린다.
6. 기름을 뺀 산자를 집청에 넣어 바른 후 튀긴 밥풀고물을 무쳐낸다.

강반 이야기

강반은 산자밥풀의 방언이다. 우리 집의 산자밥풀은 찹쌀가루와 멥쌀가루를 섞는 것이 특징인데 찹쌀산자보다는 덜 부드럽긴 해도 끝 맛이 고소한 맛이 돌아 친정어머니가 특히 좋아하신다. 찹쌀을 물에 담가 며칠 동안 두어 골마지가 생기면 온 집안에서 꼼꼼한 냄새가 난다. 그러면 찹쌀을 잘 씻어 가루로 만들어 멥쌀가루와 술 콩물을 섞어 푹 쪄서 꽈리가 일도록 쳐야 되는데 보통 힘든 일이 아니다. 어머니와 내가 번갈아 치는데 한 사람이 방망이로 치면 다른 사람은 안반을 잡고 있어야 한다. 살짝 굳어지면 손바닥 반 만하게 크게 썰어 말려 기름에 튀기는데 이렇게 크게 만드는 것이 특징이다.

겨울동안 많이 만드는데 말릴 때는 쩔쩔 끓는 온돌방에 어머니가 땀을 뚝뚝 흘리시면서 바탕을 자르고 뒤집고를 반복해야 돼서 겨울이 지나고 나면 어머니 몸무게가 줄 정도였다.

제삿날 보름 전부터 준비해야 거의 만들어 올릴 수 있는데 처음 친정어머니가 나에게 강반을 가르쳐 주실 때는 아버지는 온 집에서 냄새 난다고 하셨지만 제사상에 강반을 올리면 아주 흐뭇한 표정을 지으신다. 어머니가 어릴 때 외할머니께 배웠다고 하시는데 처음에 바탕을 기름에 튀길 때 숟가락으로 잘못 펴서 못난 것을 어머니께 주셔서 어머니가 일부러 그렇게 만든 적도 있다고 하셨다.

8도의 반가(班家)・명가(名家) 내림음식, 박순애

名家 도라지 · 구기자연근 · 다시마정과

| 재료 및 분량 |

도라지 200g, 모과즙 30g, 연근 200g, 다시마 100g, 구기자 물 100g
소금 2g, 설탕 300g, 물엿 200g, 꿀 200g

| 만드는 방법 |

1. 도라지는 쌀뜨물에 담가 껍질은 벗기고 소금을 약간 넣은 물에 삶아서 아린 맛을 없앤다.
2. 도라지에 모과즙, 설탕, 물엿을 넣고 약한 불로 졸이다가 꿀을 넣고 마를 때까지 햇볕에 말린다.
3. 연근은 소금을 넣고 식초 물에 삶아 구기자 물, 설탕, 물엿을 넣고 졸이다가 꿀을 넣고 같은 방법으로 만든다.
4. 다시마는 물에 담가 짠맛을 없애고 설탕, 물엿을 넣고 졸이다가 꿀을 넣고 햇볕에 말린다.

도라지, 구기자연근, 다시마정과 이야기

친정아버지는 흙먼지와 바람이 많은 곳에서 일하시는 직업이다 보니 자연적으로 기관지가 좋지 않으시다. 할아버지도 기침을 많이 하시고 기관지가 좋지 않으셨다. 나 역시도 피곤하면 목이 붓고 기침이 나고 목소리가 잘 나오지 않는데 집안 내력인가 보다.

그럴 때 마다 먹는 우리 집의 처방음식이 있으니 그것이 도라지 정과와 모과즙이다.

도라지에는 우리 몸의 유해 물질을 없애주는 칼슘, 인, 철 등의 무기질이 많이 함유되어 있고 특히 도라지에는 인삼이나 더덕에 함유된 사포닌 성분이 풍부해 기관지 천식을 예방하거나 치료하는 데 효과적이다. 도라지를 껍질 벗겨 쌀뜨물에 아린 맛을 우려낸 뒤 투명하게 삶아 꿀 모과를 넣고 졸여 꾸덕하게 말려서 잘게 썰어 수시로 먹는다. 연근도 같은 방법으로 만드는 데 대구의 향토작물이라 연근을 이용한 음식들도 많은 편이다

8도의 반가(班家)·명가(名家) 내림음식, 박순애

名家 석감주

| 재료 및 분량 |

멥쌀 360g, 엿기름 345g, 물 7.2kg, 설탕 480g
왕겨 · 황토 · 항아리 끓인물(백비탕) 적당량

| 만드는 방법 |

1. 엿기름은 물과 섞어서 주무른 후 가라앉혀 맑은 물만 사용한다.
2. 멥쌀은 깨끗이 씻어 반나절 불린 다음 찜솥에 30분 이상 찐다.
3. 뜨거울 때 엿기름, 물과 섞어 항아리에 넣는다.
4. 항아리 입구를 기름종이를 막고 뚜껑위로 황토를 두껍게 바른다.
5. 왕겨불에 항아리를 넣고 하루 반 동안 데운다.
6. 왕겨불이 꺼지면 항아리를 꺼낸 후 백비탕에 타서 마신다.
   (항아리를 중탕할 경우 끓는 물에 이틀정도 데운다)

❧ 석감주 이야기 ❧

내가 남편과 연애할 때 본적지 얘기를 했는데 본적지가 면 단위까지 같아서 가까운 동네인가보다 했는데 결혼하고 처음 시댁의 종가에 가보니 친정과 너무 가까워서 놀랐다. 그런데 시부모님도 같은 동네에서 어릴 때부터 가까운 오빠와 동생사이였다가 결혼하셔서 시부모님의 본적지도 같은 곳이다. 그 동네에서 잔치가 열릴 때 주로 만들어 마시던 음청류가 '석감주'이다. 삭혔다는 뜻의 '삭힌'이 석감주란 뜻인지는 모르지만 그 만드는 방법이 독특하다.

시어머님의 본가가 넉넉한 집이어서 잔치가 있을 때마다 항상 석감주를 만들었는데, 항아리에 엿기름과 푹 찐 멥쌀을 넣고 기름종이를 입구에 바르고 항아리 뚜껑을 덮고 시룻번을 붙이고 황토를 발라 주위에 왕겨를 덮은 다음 불을 붙여 하루정도 삭힌다. 그리고 붉은색이 들면 꺼내서 맛을 보는데 달싹하니 입에 짝짝 붙는다고 한다.

잔치 때 많이 만들어서 팔팔 끓여 식힌 백비탕에 타서 손님에게 대접했는데, 왕겨불은 꺼뜨리지 않고 지키는 것이 어릴 때 어머님의 맡은 일이었다고 하셨다.

황해도 연백 **신 봉 금**

한국병과문화연구원 원장, 자미수 대표
한국전통떡한과세계화협회 부회장
2003 서울세계음식박람회 은상, 2004 서울국제요리경연대회 금상
2006 서울국제요리경연대회 농림부장관상, 2006 전국떡만들기경연대회 농촌진흥청장상
2007 한국신토음식대전 보건복지부 장관상, 2009 전통음식 떡·한과 기능보유자 1기 지정
2010 경기도 떡 명장대회 은상, 2012 허준축제 웰빙음식대회 심사위원장

떡을 즐겨 먹었던 어린 시절

우리 집은 대 가족이었다. 아버지, 어머니, 외할머니, 고종사촌 언니 둘과 5남매가 있었다. 어머니는 6.25전쟁 전 황해도에서 외가 식구와 같이 월남하여 서울의 영등포에 정착하였다. 마당이 '미음' 자로 된 한옥에서 살았는데 대문을 열고 들어가면 왼쪽으로 장독대가 있었다. '디귿자' 형태로 방들이 있었고 장독대와 마주보며 마루가 있었다. 마루 오른쪽으로 부엌이 있었는데 두어 개 계단을 내려가게 되어 있었다. 떡을 만드는 날이면 어머니는 머리에 흰 두건을 쓰고 허리에는 흰 앞치마를 두르시고 부엌과 장독대를 번갈아 가며 분주하게 다니셨다. 떡을 하는 날은 방앗간에 일찍 다녀오신다. 그 날은 장독대를 늘 지키고 있던 질 시루가 빛을 보는 날이기도 했다. 그 시절에는 모두가 배불리 먹지 못했는데 어머니는 이러한 상황을 슬기롭게 대처하셨다. 어머니는 떡을 자주 하셨는데 평택에 정미소를 가지고 있었던 덕분이었다. 쌀이 평택에서 올라오면 떡을 하셨는데 특히 콩설기는 나의 유년시절 유일한 간식이었다. 또 떡으로 끼니를 대신할 정도로 유난히 떡을 좋아 하셨던 아버지께는 찰떡을 만들어 유기그릇에 담아 꿀과 함께 재워, 따뜻한 곳에 놓았다가 드리셨다.

추석에는 송편을 빚었는데 딸 넷이 두레반(원형의 상) 다리를 접어놓고 어머니와 함께 송편을 만들었다. 녹두를 좋아 하셨던 어머니는 녹두고물로 만든 소를 넣어 송편을 빚었는데, 어린 기억에도 우리 집 송편이 제일 맛이 있었다.

어린 시절 떡에 대한 추억은 현재까지 이어져 지금은 떡 전문점을 운영하고 있는데, 떡을 만들 때는 깐깐하기로 유명하다. 떡이 나올 때 생각한 대로 나오지 않으면 금새 얼굴이 굳어진다. 손님에게 떡을 내 놓을 때 항상 소비자 입장에서 내가 떡을 사먹고 싶을까? 라는 의문을 가지고 떡을 만든다. 내가 현재 떡을 매개로 어머니의 음식과 끈을 이을 수 있음은 어머니의 떡 맛과 손맛을 어릴 적부터 전수 받았기 때문이다.

음식솜씨가 뛰어나셨던 어머니

2007년 12월에 돌아가신 어머니가 유난히 그리워진다. 얼마 전에 미역국을 끓이면서 어머니가 만들어 주셨던 국 간장으로 미역국 간을 맞추며 다시 한 번 어머니 생각에 젖었다. 어머니는 간장, 된장, 고추장을 아주 잘 만드셨다. 장을 만드실 때는 몸을 정갈하게 하시고 온갖 정성을 쏟으셨다. 또 떡이며 김치를 잘 만드셨는데 좋은 재료와 어머니의 오랜 경험, 그리고 손맛이 어우러져 그 솜씨는 소문이 자자했다. 어머니 우제화씨는 황해도 연백이 친정으로 1남 3녀의 셋째로 태어나셨다. 외할아버지는 한학을 공부하시고 서당을 만들어 훈장을 하셨다. 필체가 어찌나 좋으셨는지 연백의 작은 마을 중 하나인 '밤골'의 족보는 모두

다 쓰셨다고 했다. 어머니가 10살 무렵엔 약방을 경영하시기도 했다. 외할머니는 15살 어린 나이로 13살 꼬마 신랑과 결혼하여 누이 겸 아내 겸 우씨 종가의 며느리가 되셨다. 어머니는 음식 만들기에 제일은 그 집안의 간장, 된장과 고추장이라는 말씀을 하셨다. 우리 집 음식은 특히 국이 아주 맛이 있는데 그 이유는 정성스럽게 담근 간장의 맛이라고 생각한다.

어머니의 지혜로운 음식, 콩

일제 강점기와 6.25전쟁을 겪으면서 1960년대에서 1970년대에는 누구나가 어려운 시기였다. 돌이켜 생각해 보면 그 시절에는 먹거리가 풍부하지 못해 단백질 공급이 여의치 못했다. 어머니는 유난히 콩 음식을 많이 하셨는데 백설기에 서리태를 넣어 만든 떡 콩설기, 콩을 밤새도록 불려 맷돌로 갈아 돼지 뼈와 함께 끓인 비지찌개, 서리태를 조려 만든 반찬인 콩조림, 찹쌀을 쪄서 방망이로 치고 둥글게 빚어 팥소를 넣은 뒤 콩고물을 듬뿍 묻힌 오쟁이떡 등 그 종류가 다양했다. 추운 겨울 날 뜨끈하게 데운 두부를 맛있는 양념간장에 찍어 먹게 하셨던 어머니. 동물성 단백질이 부족했던 어려운 그 시절, 밭의 고기라 하는 콩을 먹임으로써 단백질을 보충하셨던 것이다. 내가 지금의 건강을 유지하고 있는 것은 바로 어머니의 지혜로움 때문일 것이다.

외할머니의 특별한 사랑으로 전해진 육포

나에게는 60년 차이의 띠 동갑이셨던 외할머니가 계셨다. 같은 방을 사용하였는데 그러한 연유로 다른 손녀보다 특별한 사랑을 받았다. 외할머니는 음식을 아주 잘 만드셨는데 콩강정과 육포의 맛은 내 어린 기억에 놀라움이었다. 집안의 대소사가 있으면 외할머니는 으레 육포를 먼저 만드시곤 하셨다. 만석꾼의 딸이었던 외할머니는 어려서 외증조할머니로부터 배워 만드셨노라 하였다.

고기를 결대로 썰어 핏물을 제거하고 다시 양념하여 햇볕에 말리기를 수십 차례 거듭했다. 다 말린 고기를 꼭꼭 누르면 납작한 모양이 나온다. 그 고기 위에 장식을 하면 육포가 다 되었다. 깨끗이 말린 육포에 살구씨와 호박씨, 잣과 대추채로 하나하나 정성스레 수를 놓다 보면 40년 전 외할머니의 낭랑한 목소리가 귀에 들리는 듯하다.

"잣 고깔을 떼어라" "찹쌀 풀 쑨 것을 가져오라" "여기다 붙여야 한다" 하시며 할머니의 손길을 따라 까만 육포 위에 꽃이 피어나는 것을 보고 환성을 지르면서 감탄했었다. 이제 세월이 지나 우리 집의 전통음식으로, 내 손끝에서 외할머니가 피웠던 꽃들이 다시 만개하고 있다.

황해도 연백
신봉금선생댁 내림음식

북어죽
서미채소밥
삼색어알탕
서여탕
월과채
육포
약밥
유자단자
오쟁이떡
육포다식

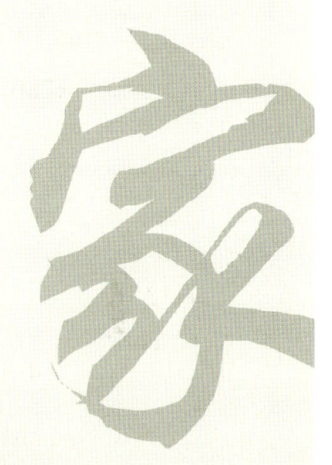

8도의 반가(班家)·명가(名家) 내림음식, 신봉금

名家 북어죽

| 재료 및 분량 |

멥쌀 300g, 물 1.8kg, 참기름 15g
북어 200g, 쇠고기 200g, 미나리 100g, 소금 15g
쇠고기 양념장 : 간장 15g, 설탕 5g, 후춧가루 3g, 참기름 5g, 깨소금 5g

| 만드는 방법 |

1. 멥쌀은 깨끗이 씻어 2시간 정도 불린다.
2. 북어는 머리와 가시를 발라내고 강판에 간다.
3. 쇠고기는 곱게 다져 양념하여 달구어진 팬에서 볶는다.
4. 냄비에 참기름을 두르고 불린 멥쌀을 볶은 다음, 쇠고기 볶은 것과 북어포를 넣고 물을 붓고 센 불에서 끓이다가, 부글부글 끓기 시작하면 중불에서 은근하게 끓인다.
5. 물이 1/3로 졸아지면 송송 썬 미나리를 넣고 끓이다가, 쌀이 퍼지면 소금으로 간을 맞춘다.

*숙취 효과가 있고 아침 식사대용으로 가능한 몸에 이로운 일석이조 음식이다.

∽ 북어죽 이야기 ∽

강원도에 사시는 아버지 친구는 해 마다 황태를 말려 출하 할 때면 좋은 황태를 골라 인편에 보냈다. 아버지의 술 사랑을 알기 때문이었다. 아버지는 식사 때에도 반주를 하실 정도로 술을 즐기셨다. 어머니는 황태를 받으시면 방망이로 두드려서 머리와 뼈를 발라내고 강판에 갈아 가루로 만드셨다. 아버지께서 유난히 술을 많이 마신 다음 날 새벽이면 가루로 만들어 놓은 북어를 이용하여 북어죽을 끓이셨다.

자고 있는 내 코끝에 북어와 고기의 어우러진 맛이 솔솔 느껴져 나도 모르게 일어나 보면 아버지께서 북어죽을 드시고 계셨다. 아버지는 해장술이나 해장국 대신 이 북어죽을 좋아하셨다. 속이 쓰리고 아프다가도 북어죽을 드시면 금방 속이 편해서 좋다고 하셨다. 아버지 상 머리맡에 앉아 있으면 어머니는 북어죽 한 그릇을 더 떠 오신다. 푹 퍼진 북어죽을 간장을 넣어 훌훌 불면서 먹을 때의 개운한 맛과 목으로 넘어가던 부드러움은 아직도 입안에 그윽하다. 여러 형제 중에서 유난히 북어죽을 탐했던 나는 지금도 아버지, 어머니와 단 셋이 먹던 북어죽의 향수를 잊지 못하고 있다.

8도의 반가(班家)・명가(名家) 내림음식, 신봉금

서미채소밥

서미채소밥이야기

시장에서 풋콩이 눈에 들어오면 장바구니에 고구마와 당근, 표고버섯, 콩나물을 동시에 사는 버릇이 있다. 어릴 적 먹던 서미채소밥이 생각나기 때문이다. 해가 뉘엿뉘엿 질 때까지 골목에서 정신없이 놀고 있을 때 동생의 언니 찾는 소리가 요란하게 들려온다. 서미채소밥을 해 놓았다는 소리에 만사를 제쳐놓고 뛰어 들어가 먹던 그 맛은 지금도 잊지 못하고 있다. 흰색의 쌀밥에 어우러진 고구마의 노란색, 풋콩의 연두색, 당근의 붉은색, 표고버섯의 검정색은 우주를 담은 밥상의 오방색이었다. 그 색의 조화로움에, 그 맛의 오묘함에, 또 어머니의 지혜로움에 감동했던 기억이 있다. 갖은 채소를 골고루 넣어 온갖 영양소를 두루 먹게 하셨던 어머니의 깊은 생각이 그 때 그 시절 밥상을 머릿 속에 그려지게 한다.

은은하게 퍼지는 라일락 꽃 내음과 솔솔 부는 봄 바람 한 자락, 그리고 서미채소밥 한 그릇... 상큼함이 입 안 가득 번지며 어릴 적 추억의 한 장면이 떠오른다.

재료 및 분량

멥쌀 400g, 서미(고구마) 100g, 풋콩 100g, 당근 100g
표고버섯 50g, 콩나물 100g
양념장 : 간장 100g, 설탕 20g, 다진 파 40g, 다진 마늘 20g, 참기름 10g
깨소금 10g, 후춧가루 5g, 표고버섯 불린 물 20g, 고춧가루 20g

만드는 방법

1. 멥쌀은 깨끗이 씻어 30분간 불린다.
2. 서미와 풋콩은 껍질을 벗기고 깨끗이 씻고 서미는 풋콩 크기로 썬다.
3. 당근은 깍뚝 썰고 표고버섯은 물에 불려 기둥을 제거해서 채 썬다. 콩나물은 머리와 꼬리를 제거하여 씻는다.
4. 솥에 쌀을 넣고 서미, 풋콩, 당근, 표고버섯, 콩나물을 섞어 올린 다음 익힌다.
5. 밥이 다 되면 양념장에 버무려 먹는다.

*양념장에 부추나 달래를 송송 썰어 넣으면 맛이 좋다.

8도의 반가(班家)·명가(名家) 내림음식, 신봉금

名家 삼색어알탕

| 재료 및 분량 |

청포묵 100g, 치자묵 100g, 흑임자묵 100g
동태살 200g, 녹말가루 30g, 된장 20g, 후춧가루 10g, 다진 파 30g
대하 100g
다시마 우린 물 800g, 소금 30g

| 만드는 방법 |

1. 청포묵, 치자묵, 흑임자묵을 가로 1cm, 세로 3cm, 두께 1cm의 크기로 자른다.
2. 동태 살을 으깨어 녹말가루, 된장, 후추와 다진 파를 고루 섞어 새알 같이 완자를 만든다.
3. 대하는 내장을 제거하고 끓는 물에 데쳐 껍질을 벗기고 앞뒤로 반을 가른다.
4. 썰어 놓은 삼색의 묵을 가지런히 담고 그 위에 동태 완자와 새우를 올린 다음, 다시마 우린 물을 넣고 소금 간하여 탕을 끓인다.

삼색어알탕 이야기

얼마 전에 돌아가신 어머니는 유난히 청포묵을 좋아 하셨다. 청포묵은 묵 중에서 제일 고급스러운, 묵 중의 묵이라고 하셨다. 그 부드러움은 목에 넘어 갈 때 절정을 이룬다.

우리 집 음식 중에 이 묵을 이용해 만든 음식으로 탕평채와 삼색어알탕이 있다. 삼색어알탕은 삼색의 묵에다 생선으로 알 모양의 완자를 만들어 탕으로 만든 독특한 국이다.

이 탕은 상시 먹는 음식이 아니고 집안의 경사가 있을 때나 집안의 어른이 식사를 제대로 하지 못 할 경우에 특별히 내 놓는 환자를 위한 음식이다. 음식이 부드러워 기운이 없는 환자라 하여도 먹기가 쉬웠기 때문이었다.

8도의 반가(班家)·명가(名家) 내림음식, 신봉금

名家 서여탕

| 재료 및 분량 |

쇠고기 200g, 물 1000g, 엿물 100g
마 200g, 달걀 180g, 소금 30g

| 만드는 방법 |

1. 쇠고기는 토막을 크게 내어 물을 붓고 푹 끓인다. 고기가 익으면 꺼내어 가로, 세로 2cm의 크기로 썰어 다시 넣는다.
2. 고기 끓인 물에 엿물을 넣는다.
3. 마는 깨끗이 씻어 껍질을 벗기고 동그랗게 저며 넣는다.
4. 달걀을 풀어 넣고 소금으로 간한다.

서여탕이야기

어릴 적 잘 먹지 않던 나는 몸이 마르고 허약했다. 더운 여름이 오면 맥을 못 추고 늘 기운이 없었다. 몸이 약해서 일 년에 한번 꼭 한약을 먹었는데 지금도 있는 한약방에 을지로 1가까지 차를 타고 나갔다. 한의사 선생님은 입맛을 돋게 하고 기운을 보강 하는데 마가 제일이라며 좋은 마를 먹이라고 하셨다. 마는 음식으로 만들기가 쉽지 않은 재료이지만 어머니는 그 이후로 여름철이면 마를 이용한 음식을 먹이셨는데 엿물을 넣은 흔치 않은 음식이었다. 그 음식이 서여탕이다. 어머니는 쇠고기와 마를 사 오셔서 탕을 끓이셨는데, 그 탕 한 그릇을 먹고 나면 내 입맛이 되살아나곤 하였다. 삼복더위에도 불구하고 화로에 큰 솥을 올리고 물을 잔뜩 부어 쇠고기 덩어리를 넣고 푹 끓이셨다. 내 눈에 이상하게 보인 것은 그 탕에 엿물을 넣었는데 맛이 달착지근해서 식욕이 없던 내가 좋아했었나보다. 물이 졸면 마의 껍질을 벗기고 동그랗게 저며서 탕 속에 넣고 더 끓이다가 달걀 물을 풀어내면 다른 국과 달리 먹기가 아주 수월했고 맛이 독특했다. 한 끼만 먹던 것이 아니고 한꺼번에 많이 끓여 여러 차례에 걸쳐 먹고 나면 기운이 나고 얼굴색도 좋아졌다. 또 밥을 잘 먹지 않던 여름철에도 서여탕은 잘 먹어 어머니의 근심을 덜어드렸다. 지금 생각해 보면 서여탕은 나에게 여름철 보양식이었다.

8도의 반가(班家)·명가(名家) 내림음식, 신봉금

名家 월과채

| 재료 및 분량 |

애호박 200g, 소금 30g, 쇠고기 100g, 표고버섯 50g
찹쌀가루 100g, 홍고추 30g,
쇠고기 · 표고버섯 양념장 : 간장 30g, 설탕 15g, 참기름 10g
깨소금 10g, 후춧가루 5g

| 만드는 방법 |

1. 애호박을 준비하여 반달 모양으로 썰고 소금에 절인 다음 살짝 볶는다.
2. 쇠고기는 곱게 다져 양념하여 볶는다. 홍고추도 채 썰어 볶는다.
3. 표고버섯은 물에 불려 기둥을 제거하고 꼭 짜서 채를 썬 다음 양념하여 볶는다.
4. 찹쌀가루를 반죽하여 동전 만하게 빚어 부쳐 식힌 뒤 채를 썬다.
5. 준비한 재료를 다 같이 버무려 담는다.

월과채 이야기

뜨거운 여름이 오면 집 주변이 호박넝쿨로 가득하다. 주황색 호박꽃이 넝쿨 사이사이로 얼굴을 살짝 내민다. 그 속으로 가만히 들여다보면 옅은 연두색 애호박이 손가락 만하게 달려있는데 2~3일이 지나면 어느새 주먹만 하게 자라있다. 우리 집은 이북 황해도에서 월남한 이산가족이다. 6.25 전쟁이 일어나기 전 어머니는 친정 식구와 같이 황해도를 떠나 서울로 내려 오셨다. 그러한 연유로 나는 늘 외할머니와 함께 살았는데 연한 애호박을 두어 개 따다가 호박 나물을 자주 하셨다. 찹쌀가루를 동그랗게 빚어 솥뚜껑에 기름을 두르고 지글지글 부친 다음, 소고기와 표고버섯을 볶다가 호박을 같이 볶아 낸다. 호박을 반달같이 썰어 월과채란 이름이 붙었다 한다. 연두색의 호박이 기름에 반짝반짝 윤기가 자르르 흐르며 유난히 하얗게 빛었던 찹쌀반죽의 맛은 지금도 입안에서 뱅글뱅글 맴도는 듯하다. 여름철 밥맛이 없던 식구들은 그 맛 때문에 더위도 잊을 수 있었다.

8도의 반가(班家)・명가(名家) 내림음식, 신봉금

名家 육포

|재료 및 분량|

쇠고기(홍두깨살) 6kg
양념장 : 양파 200g, 대파 100g, 마늘 50g, 통후추 15g
　　　　　건고추 60g, 인삼 100g, 간장 600g, 설탕 400g
　　　　　물엿 200g, 청주 300g, 꿀 100g
장식 : 대추 8g, 호박씨 8g, 행인 8g, 잣 10g

|만드는 방법|

1. 쇠고기는 0.5cm의 두께로 결대로 썰어 채반에 받쳐 핏물을 제거한다.
2. 간장, 설탕, 물엿, 청주, 꿀과 양파, 대파, 마늘, 통후추, 건고추, 인삼을 넣고 센불에서 달이다가 중불로 30분간 끓인 다음 식혀 채소를 건져낸다.
3. 식혀 놓은 양념장에 핏물을 제거한 쇠고기를 넣고 양념이 잘 흡수되도록 주물러 채반에 펴서 햇볕에 꾸덕하게 말린다.
4. 다 말린 육포를 면보에 가지런히 펴서 싼 다음 무거운 것을 올려놓아 편평하게 만든다.
5. 대추, 호박씨, 행인, 잣을 이용하여 예쁘게 장식한다.

*장식을 붙일 때 고운 찹쌀가루를 묽게 쑤어 육포에 바르면 붙인 상태가 예쁘고 깨끗하다.
*육포를 만드는 시기는 처서가 지나고 찬바람이 불기 시작할 때 가장 좋다.

～ 육포 이야기 ～

처서가 지나고 나면 가을바람이 불기 시작한다. 추석 음식은 육포를 만드는데서 시작된다.

육포는 정성과 인내와 끈기를 필요로 하는 음식이다. 여러 번의 손길이 가야만 완성되는 아주 고급스러운 음식이다. 또한 두고두고 먹을 수 있는 음식이기 때문에 한 번 만들어 두면 요긴하게 쓰일 곳이 많은 음식이기도 하다.

집안에 혼인이 있으면 으레 육포를 만들어 시집 어른들께 보내었다. 어포와 함께 제사상에도 빠지지 않는 음식이 되었다. 집안 어른의 생신에 육포를 드리면 예쁜 장식에 놀라고 그 맛에 다시 한 번 더 놀라신다. 또 갑자기 손님이 오실 때 내 놓기가 좋았다. 그러니 서민의 집에서는 꿈도 꾸지 못할 음식이었다. 육포 구절판은 육포를 아름답게 수놓듯이 정성을 다 하는 음식이다. 손님상에 놓으면 안주 중에서 제일 인기였다. 여러 사람들이 찬사를 아끼지 않았던 육포 구절판은 우리 집의 음식 중 단연 으뜸이라 할 수 있다. 언젠가부터 나를 아는 사람들은 '육포를 잘 만드는 사람'으로 기억하고 있다.

육포는 나와 함께 한 음식 중에서 제일이 되었다.

8도의 반가(班家)・명가(名家) 내림음식, 신봉금

名家 약밥

| 재료 및 분량 |

찹쌀 800g, 밤 100g, 대추 80g, 잣 30g, 곶감 100g, 소금 5g, 간장 42g
황설탕 180g, 흰설탕 30g, 계피가루 3g, 캐러멜소스 300g, 꿀 70g
참기름 50g, 대추씨 끓인 물 50g

| 만드는 방법 |

1. 찹쌀은 깨끗이 씻어 2시간 정도 불린 후 물기를 빼고 김 오른 찜기에 면보를 깔고 50분 이상 찐다.
2. 찌는 도중에 물에 소금을 넣고 소금물을 만들어 훌훌 끼얹어 나무주걱으로 고루 뒤적여 골고루 익힌다.
3. 대추는 돌려 깎아 씨를 빼고 4등분 한다. 대추씨는 물을 부어 끓이고 밤은 껍질을 벗겨 4등분하고 곶감도 같은 크기로 썰고 잣은 고깔을 떼어낸다.
4. 찹쌀이 다 익으면 뜨거울 때 간장, 계피가루, 캐러멜소스, 대추씨 끓인 물과 참기름의 반을 넣고 고루 섞는다.
5. 참기름과 꿀, 밤, 대추, 곶감, 잣을 넣어 다시 버무려 찜통에 넣고 중탕으로 익히는데 처음에는 센불에서, 물이 끓이면 중불에서 2~3시간 중탕해서 찐다.

∽ 약밥 이야기 ∽

정월 보름날이면 부럼과 함께 빠지지 않던 음식이 약밥이다. 계피의 특이한 향과 밤, 대추, 잣, 곶감의 귀한 견과류를 넣어 고소한 맛과 함께 약밥 고유의 색감이 좋았다.

정월 대보름이 되기 전 어머니는 커다란 자배기에 갖가지 나물들을 며칠 전부터 담가 놓으셨다. 정월 열나흘 아침이면 마른 호박오가리부터 볶기 시작하여 취나물, 말린 가지나물, 피마자 잎 등 여러 가지 나물을 볶으시고 오곡밥을 만들었다. 그리고 여유 있게 따로 약밥을 만드셨다.

약밥을 만드는 방법은 참으로 복잡하고 신기했다. 어릴 적 한옥의 장독대 항아리 위에 올려 논 큰 질시루가 늘 엎어져 있었는데 어머니는 그 질시루에 약밥을 찌셨다. 다 찐 약밥을 여러 가지 재료를 더 넣으시고 중탕을 하셨는데 그 광경이 참으로 신기하여 불 앞에서 쪼그리고 앉아 약밥이 되기를 기다렸다. 다 된 약밥을 호호 불어가며 온 식구가 둘러 앉아 먹던 맛이란 상상 그 이상의 것이었다. 약밥을 떠 올리니 흰 앞치마를 두르시고 부엌과 장독대를 분주하게 오가셨던 어머니의 모습이 눈앞에 아른거린다.

8도의 반가(班家)·명가(名家) 내림음식, 신봉금

名家 유자단자

|재료 및 분량|

찹쌀가루 600g, 유자청 200g
고물 : 녹두 600g, 소금 6g, 설탕 30g
대추 100g, 호두 30g, 곶감 80g, 꿀 30g, 계피가루 20g
장식 : 대추 5g, 호박씨 3g

|만드는 방법|

1. 찹쌀가루에 유자청건지와 유자물을 넣고 반죽한다.
2. 녹두는 8시간 이상 불려 거피하고 김 오른 찜기에 쪄서 뜨거울 때 방망이로 친 뒤 소금과 설탕을 넣고 체에 내린다. 고물용은 체에 한번 내려 곱게 만든다.
3. 대추, 호두, 곶감을 다지고 꿀과 계피가루를 녹두고물에 섞어 지름 1.5cm의 소를 만든다.
4. 동그랗게 반죽한 찹쌀반죽에 소를 넣고 손으로 꼭꼭 눌러 둥글게 빚는다.
5. 펄펄 끓는 물에 넣어 뜨고 나면 1분 정도 있다가 건지고 찬물에 담갔다가 다시 건진다.
6. 녹두 고물에 굴리고 대추와 호박씨로 장식한다.

유자단자이야기

유자를 깨끗이 씻어 채를 쳐서 설탕과 함께 재워 놓았던 단지를 꺼내 오신다. 뚜껑을 열자 유자향이 온 방 안에 퍼진다. 유자청건지를 곱게 다지고 찹쌀가루에 유자물을 넣어 버무려서 반죽을 한다. 녹두 고물에 대추와 곶감, 호두를 넣어 소를 만들고, 녹두 고물을 묻혀 떡을 빚으면 노란색의 동그란 모양이 마치 수줍은 새색시를 보는 듯하다.

손끝이 야무지셨던 어머니는 현대음식보다는 우리 조상들이 즐겨먹던 떡이나 장, 김치 종류를 맛있게 만드셨다. 그 중에서도 떡을 자주 하셨는데 거의 한 달에 한 번은 떡을 빚으셨다. 떡 중에서도 유자단자는 맛과 향이 유난히 좋았는데 모양 빚기가 수월치 않았다. 예쁜 딸을 낳으려면 빚은 떡이 예뻐야 한다는 어머니 말씀에 이렇게 저렇게 열심히 예쁘게 빚으려고 했던 유자단자. 두레반에 둥글게 둘러 앉아 담소를 나누며 깔깔거리면서 서로 예쁘게 빚었다며 싫지않던 실랑이를 했던 모습이 지금도 눈에 선하다.

8도의 반가(班家)·명가(名家) 내림음식, 신봉금

名家 오쟁이떡

| 재료 및 분량 |

찹쌀 800g, 소금 11g
소 : 붉은 팥 400g, 소금 15g, 설탕 200g
고물 : 노란콩가루 500g

| 만드는 방법 |

1. 찹쌀은 8시간 정도 물에 불린 후 깨끗이 씻어 물기를 뺀 후 소금을 넣고 빻아 체에 내려 가루로 만든다.
2. 팥은 깨끗이 씻어 물을 붓고 끓으면 그 물을 버리고 새 물을 넉넉히 부어 푹 삶아 소금과 설탕을 넣고 절구에서 찧고 둥근 모양으로 팥소를 만든다.
3. 찹쌀가루는 물을 넣어 버물버물 반죽하여 김 오른 찜기에 면보를 깔고 넣어 15분 정도 쪄서 꺼내어 꽈리가 일도록 친다.
4. 찹쌀떡 반죽을 달걀 크기 같게 둥글게 빚은 다음, 구멍을 내어 팥소를 넣고 오므린 후 노란콩가루를 넉넉히 묻힌다.

오쟁이떡이야기

우리 집은 해마다 섣달 그믐날이면 쿵더쿵 쿵더쿵 떡 치는 소리가 정겹게 들렸다. 떡판에 찹쌀떡을 치시는 아버지와 옆에서 연신 손에 물을 묻히면서 떡을 뒤집던 어머니의 모습이 지금도 눈에 선하다. 떡을 치고 나면 통팥으로 소를 넣어 어린아이 주먹만 하게 찹쌀떡을 만들어 콩가루를 묻혔다. 얼마나 크던지 한 개만 먹어도 배가 부를 정도였다.

황해도지방에서는 이 떡을 오쟁이 떡이라고 하였다. 겨울 내내 먹을 만큼의 양을 한꺼번에 해서 항아리에 담아 놓고 출출할 때마나 꺼내 석쇠에 구워 먹었다. 갑자기 손님이 오시면 오쟁이 떡을 꺼내어 조청과 같이 내 놓고, 살얼음이 살짝 낀 식혜와 석쇠에 방금 구운 오쟁이 떡을 조청과 함께 내어 놓는 것이 우리 집안의 손님 대접이었다. 아버지께서는 유난히 이 떡을 좋아 하셔서 어머니는 아버지 생신 때에 이 떡을 꼭 하셨다. 나에게 오쟁이 떡은 아버지를 생각하게 하는 그리움의 대상으로 남는 떡이다.

8도의 반가(班家)·명가(名家) 내림음식, 신봉금

名家 육포다식

| 재료 및 분량 |

육포 200g
꿀 30g, 참기름 30g, 깨소금 30g, 후춧가루 10g

| 만드는 방법 |

1. 육포를 바삭하게 구워 분쇄기에 곱게 간다.
2. 꿀과 참기름, 깨소금, 후춧가루를 넣고 양념하여 반죽한다.
3. 반죽한 육포를 다식판에 넣고 눌러 박아 모양을 낸다.

*육포 다식은 술안주의 으뜸이며 다식중의 제일이다.

육포다식이야기

다락 깊숙한 곳에 숨어 있던 다식 틀이 나오는 날이면 우리 형제들은 오늘이 육포다식 만드는 날이구나 하고 생각한다. 며칠 전 육포를 다 만들었으니 분명 자투리가 남으리라... 다 만든 육포를 모양내어 예쁘게 오리다 보면 언제나 자투리가 생기는 것을 알기 때문이다. 동생과 나는 그것을 먼저 먹으려고 어머니 가위 끝에 코를 들이대며 안달을 했다. 쫄깃하고 고소한 쇠고기의 맛은 우리에게 참을 수 없는 유혹이었다.

그 날도 동생과 나는 육포를 손질하고 계신 어머니 옆에 앉아 턱을 받치고 기다리고 있었다. 그런데 어머니는 자투리가 생겨도 주시지 않는다. 생각한데로 육포다식을 만드실 모양이다.

육포를 곱게 갈아 갖은 양념을 넣으시고 반죽하여 모양이 예쁘게 파진 틀 속에서 다시 태어나는 육포다식은 앙증스럽기 그지없다. 찍어 낸 육포 다식을 입에 넣는 순간 입에서 퍼지는 그 맛은 아무나 맛볼 수 있는 음식이 아니었다. 이제 어머니의 육포를 내가 전수받아 예쁜 다식 틀에 넣어 찍다보니 어린 시절 맡았던 육포의 향이 코끝에서 맴돈다.

전라북도 완주군 **윤 왕 순**

대둔산산내골식품 대표
2005 서울세계음식박람회 전통장류부문 금상, 2006 전라북도 도지사 표창
2007 김치엑스포 전통발효부문 금상
2007 전국향토떡만들기대회 대상(농림부장관상)
2007 한국음식대전 지방자치단체부문 동상
2011 한국국제요리경연대회 발효음식부문 대상(농림수산식품부장관상)

인생의 길잡이, 부모님

나는 전북 완주군 경천면에서 3남 7녀 중 다섯째, 그 중에도 솜씨 좋다는 셋째 딸로 태어났다. 조부 때 충남 노성면의 파평 윤씨 집성촌에서 나와 전북 금당에 사시다 부친께서 완주군 경천면으로 터전을 옮기셨다. 큰아버지 또한 슬하에 3남 7녀를 두셔서 항상 많은 식구들로 북적였으며 다복하고 화목한 집안으로 주위의 부러움을 샀다. 어머니는 전북 삼례가 친정으로 그 동네에서도 꽤나 잘 사시는 집안이었으며, 외할머니의 솜씨를 물려받아 남다른 음식 솜씨를 뽐내며 사셨다.

어릴 적 어머니께서는 배추김치, 무김치뿐만 아니라 다양한 종류의 재료로 김장을 하셨는데 그것만으로도 항상 식탁이 풍성했다. 김장을 하실 때는 황석어젓 국물을 넉넉히 만들어 배추 속잎을 하나씩 떼어 그 젓국물에 묻힌 다음 들깨가루를 듬뿍 뿌려 자식들의 입속에 하나씩 넣어 주시곤 하셨는데 그 감칠맛이 아직도 생생하다. 흥미로운 것은 어머니께서 김장김치를 묻으실 때 항아리의 2~3배 길이정도로 깊게 파서 항아리를 묻으셨다. 이렇게 땅을 깊게 파서 저장해 두면 여름철 모내기 할 때까지 깊은 맛이 살아있어 이웃에서 귀한 대접을 받았다. "남에게 음식을 줄 때는 깨끗하게 해서 따뜻하고 먹기 좋을 때 정성으로 나누어 주어야 한다. 좋지 못한 음식은 주지 않은 것만 못하다." 어머니의 음식 솜씨만큼이나 넉넉하고 따뜻함이 베어나는 말씀이다.

큰댁과 함께 식구가 많은 집안이라 항상 대소사가 끊이지 않았는데 어머니뿐만 아니라 아버지께서도 격식 있는 상차림에 필수인 상고임에 특별한 솜씨를 보이셨다. 대추, 밤, 곶감, 과일 등으로 아주 멋지고 튼튼하게 상고임을 만들어 내셨는데 그 솜씨를 이젠 빛바랜 사진 속에서만 볼 수 있어서 안타깝다. 어머니는 집안의 대소사에 음식준비를 하시면 항상 언니들과 함께 나를 불러 지켜보게 하셨다.

"어떻게 만드는지 잘 보거라. 그래야 다음에 너희들이 직접 음식을 할 때 서툴지 않게 쉽게 음식을 만들 수 있지. 경험만큼 소중한 자산이 없단다" 집안의 대소사에 음식 만드는 일이 큰일 중 하나였던 여자들이기에 어머니의 당부는 가슴에 남았다.

어린 나에게 떡이나 산자, 강정과 같은 음식들이 어머니의 손을 거치면서 하나둘씩 척척 만들어 지는 모습이 너무 신기해 잔치 때면 어머니 곁을 떠날 줄 몰랐다.

어머니의 장맛으로 만들어낸 내림음식

"그 집의 음식 맛을 알려면 장독을 보면 안다. 장독이 깨끗하게 정돈되어 있으면 장맛도 또한 좋은 법이다. 장맛이 좋으면 당연히 그 장을 넣고 만든 음식들의 맛이 좋고, 일 년 내내 두고 먹는 장아찌들도 맛깔스럽지." 이렇게 어머니는 먼 훗날 장 담그는 일을 소명으로 지켜가고 있는 셋째 딸의 미래를 보듯 소중한 가르침을 가슴에 새겨 주셨다.

어머니는 음식이 귀하던 시절, 정성껏 담근 장맛 하나로 집안의 음식 맛을 지켜 냈다. 아버지가 사 오신 소꼬리나 사골을 푹 고아 된장과 치대 놓으면 훌륭한 건강식이 되고 봄이 되면 온갖 산나물로 산채 비빔밥을 만들어 먹었다.

산에서 따온 도라지나 더덕은 장아찌를 만들고 버섯은 잘 말려 간장 다릴 때 썼다. 버섯을 넣어 달인 간장은 우리 집 된장과 함께 어머니의 손맛을 자랑하는 음식에 쓰이지 않는 곳이 없었다.

장맛을 지키고 발전시키는 일에 인생의 소망을 담다

어머니 곁에서 콩을 심고 키우며, 그것으로 된장과 고추장을 담고, 간장을 담그면서 우리나라 전통 장맛을 익혀갈 때 어머니는 힘든 일을 택한 자식을 걱정하시다가 세상을 떠나셨다. 이제, 내 기억에서만 소중하게 남아있는 어머니의 손맛을 지켜내고 발전시키는 일이 나에게 남았다.

스승이신 윤숙자 교수님께 전통음식에 대해 가르침을 받고 있는 것이 내게는 큰 행운이다. 전통음식의 맥을 이어가고자 하는 소중한 소망을 윤숙자 교수님을 통해서 지켜가고 있다. 어머니께 물려받은 손 맛, 윤숙자 교수님께 배운 전통음식을 모든 사람에게 인정받는, 그러나 다른 사람이 흉내 낼 수 없는 진정한 솜씨를 지닌 하나 뿐인 명인이 되는 날까지 잊지 않고 노력하겠다. 반드시 훌륭한 명인이 되어 두 분 앞에 올곧게 서겠다.

전라북도 완주군
윤왕순선생댁 내림음식

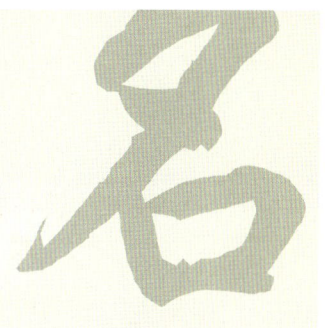

김치만두
콩비지
북어녹두전
어육장
동충하초고추장
표고간장
찹쌀된장
사골된장
찹쌀고추장
육포고추장

8도의 반가(班家)·명가(名家) 내림음식, 윤왕순

名家 김치만두

| 재료 및 분량 |

밀가루 300g, 식용유 36g, 쇠고기(양지) 300g, 돼지고기(다진 것) 300g
배추김치 500g, 숙주 50g, 두부 210g, 당면 50g
다진 파 20g, 다진 마늘 20g, 깨소금 26g, 참기름 24g, 후춧가루 5g, 소금 5g

| 만드는 방법 |

1. 밀가루에 물을 섞어 되직하게 반죽해서 고루 치댄 뒤 비닐봉지에 넣어 두었다가 부드러워지면 다시 반죽한다. 반죽을 조금씩 떼어 밀가루를 묻힌 뒤 밀대로 밀어 작고 동그랗게 만두피를 만든다.
2. 배추김치는 소를 털고 곱게 다져 면보에 싸서 물기를 꼭 짠다.
3. 두부는 면보에 싸서 물기를 꼭 짠 뒤 으깬다.
4. 당면은 삶아서 송송 썰어 둔다.
5. 숙주는 데쳐서 찬물에 헹구어 꼭 짠 뒤, 송송 썰어 둔다.
6. 팬에 식용유를 조금 두르고, 먼저 돼지고기를 볶는다. 여기에 다진 배추 김치를 함께 볶는다.
7. 넓은 볼에 볶은 돼지고기와 다진 김치, 숙주를 담고 으깬 두부와 썰어놓은 당면을 넣고 분량의 양념을 모두 넣은 후 모두 잘 섞이도록 고루 치대어 만두소를 만든다.
8. 만두피에 만두소를 한 숟가락씩 놓아 만두를 예쁘게 빚는다.
9. 쇠고기는 충분한 양의 물을 붓고 푹 끓인 다음, 고기는 건져서 식혔다가 편육으로 썰고, 국물은 식혀서 기름을 걷어낸 뒤 만두를 넣어서 만둣국을 끓인다.

김치만두 이야기

겨울철과 생일, 명절이면 어김없이 등장하는 우리 집 단골메뉴. 김치를 송송 다져 꼭 짜낸 다음 돼지고기, 두부, 숙주나물, 당면 등을 넣고 갖은 양념으로 만두소를 만들고, 밀가루 반죽을 해서 만두피를 만들면 온 가족이 둘러 앉아 만두를 빚었다. 먹는 양이 엄청나 하루 종일 만두를 빚어야만했다.

김치만두를 즐기는 시댁과 달리 친정에서는 소고기로 국물 내어 빚은 고기만두로 만둣국을 끓여 먹거나 별미로 쪄서 먹었기 때문에 김치만두는 다소 생소했다.

시어머니께서는 여럿이 배불리 먹으려면 역시 만둣국이 최고라고 하신다.

만두소를 한꺼번에 많이 만들어 두었다가 만두피를 그때그때 밀어서 만두를 빚어 며칠씩 질리지도 않고 잘도 먹었다.

명절과 생일 때 뿐만 아니라, 그냥 평소에도 즐겨 먹던 우리 집 별미다.

8도의 반가(班家)·명가(名家) 내림음식, 윤왕순

名家 콩비지

| 재료 및 분량 |

대두(콩) 500g, 돼지등뼈 2kg, 배추 500g
간장양념장 : 청장 75g, 다진 마늘 20g, 다진 파 20g, 고춧가루 15g, 참기름 12g, 깨소금 7g

| 만드는 방법 |

1. 잡티를 골라내고 물에 씻어서 하룻밤 정도(6시간 이상) 불렸다가 콩이 잠길 정도로 자작하게 물을 부은 뒤 믹서로 곱게 간다.
2. 돼지 등뼈는 찬물에 2~3시간 정도 담가서 핏물을 제거한 후 등뼈가 충분히 잠길 정도로 물을 붓고 2시간 정도 끓인다.
3. 배추는 소금을 넣고 삶아서 찬물로 헹구어 물기를 뺀 후 송송 썰어준다.
4. 등뼈가 푹 삶아진 후 송송 썬 배추와 갈아 놓은 콩물을 넣고 센불로 끓여준다.
5. 거품이 삭으면 중불로 하여 30~40분간 끓인다. 이때 뚜껑은 덮지 않고 천천히 저어가며 끓인다.
6. 양념장은 분량대로 넣고 잘 저어, 만들어 먹을 때 양념장으로 간을 맞추어 먹는다.

*두부비지가 아닌 콩을 갈아서 순수한 콩물로 만들었기 때문에 고소한 맛이 강하고, 돼지등뼈를 넣어서 구수하고 진한 맛을 느낄 수 있다.

콩비지탕 이야기

이북(평안남도)이 고향인 시부모님께서는 콩비지탕을 '콩비지' 라고 하시며 즐겨 드셨다.

콩을 하룻밤 동안 불려 맷돌에 갈아 놓고 여기에 돼지고기나 돼지 등뼈를 넣은 다음 배추를 삶아서 넣고는 커다란 솥에 끓여서 온 식구가 며칠 동안 두고두고 먹었다. 여기에 양념간장과 김치만 곁들이면 한 끼 식사로 넉넉했다.

일반적으로 두부를 짜고 남은 콩비지로 끓인 콩비지찌개와는 달리 우리 집안의 콩비지탕은 콩을 갈아 만든 콩물을 그대로 사용하기 때문에 맛과 영양 면에서 뛰어났다.

여기에 돼지고기나 등뼈를 넣어 푹 끓이면 구수한 맛과 영양이 더욱 살아난다.

8도의 반가(班家)·명가(名家) 내림음식, 윤왕순

名家 북어녹두전

| 재료 및 분량 |

녹두 300g, 북어 130g, 실고추 5g, 식용유 150g
북어양념장 : 청장 30g, 참기름 24g, 다진마늘 5g, 다진 파 10g
볶은 참깨 5g, 다진 생강 3g, 후춧가루 3g, 소금 3g
초간장 : 간장 30g, 설탕 4g, 식초 13g

| 만드는 방법 |

1. 녹두는 깨끗이 씻어서 하룻밤 정도 물에 담가 충분히 불렸다가 손으로 잘 비벼서 껍질을 벗긴 뒤, 씻어 일어 믹서에 물을 조금씩 부어가며 질지 않게 곱게 간다.
2. 북어는 물에 적셔 하룻밤 불렸다가 방망이로 살살 두들겨서 뼈를 발라내고 잘게 찢어 놓는다.
3. 손질한 북어는 양념장에 버무려 간이 충분히 베이도록 30분 정도 재어 둔다.
4. 달구어진 팬에 기름을 두른 뒤 북어를 감쌀 만큼 1의 녹두 간 것을 떠놓고, 그 위에 양념한 북어를 놓은 뒤 뒤집개로 자근자근 눌러가며 앞뒤로 노릇하게 부친다.
5. 접시에 북어 녹두전을 담고 그 위를 실고추로 장식하고, 초간장을 곁들여 낸다.

*녹두전을 부칠 때 기름을 너무 많이 두르면 튀김처럼 딱딱해 질 수 있기 때문에, 처음에 기름을 둘러 팬을 달구어 놓고 한 장씩 부칠 때마다 바닥에 눋지 않을 정도로 조금씩 기름을 두르면서 부쳐야 맛있다.

북어녹두전 이야기

평안남도가 고향인 시부모님은 피난 오실 때 미처 데려오지 못한 북쪽의 아들과 딸을 생각 하며 눈물을 흘리곤 하셨다. 그 향수와 회한을 달래 주는 음식이 북어녹두전이다.

녹두를 잘 불려 곱게 갈아서 잘 익은 김치와 돼지고기, 숙주나물을 넣고 양념하여 동그랗게 녹두전을 부친다. 그리고 다른 한 가지 방법은 황태를 통째로 잘 두들겨 물에 불린 다음 여기에 갖은 양념을 하고 곱게 간 녹두와 함께 황태녹두전을 부치기도 한다.

돼지고기를 넣은 녹두전은 흔한 반면 황태녹두전은 아주 특별했다. 이북사람들의 시원스럽고 투박한 성격과 잘 어울리는 음식이라는 생각이 든다.

황태의 씹히는 맛과 녹두전의 고소함을 한꺼번에 느낄 수 있으며, 황태에 갖은 양념을 했기 때문에 간도 적당해 쉽게 잊혀 지지 않는 별미다.

8도의 반가(班家)·명가(名家) 내림음식, 윤왕순

名家 어육장

| 재료 및 분량 |

메주 5.5kg, 쇠고기(볼기살) 600g, 꿩 1.2kg, 닭 1.8kg
숭어 700g, 전복 300g, 잔새우 50g, 홍합 50g
두부 210g, 파 60g, 소금 4kg, 물 15ℓ

| 만드는 방법 |

1. 쇠고기(볼기살)는 힘줄을 없애고 햇볕에 말려서 물기 없이 준비한다.
2. 꿩과 닭은 내장을 없애고, 살짝 데쳐 준비한다.
3. 숭어(또는 도미)를 깨끗이 씻어 비늘과 머리를 제거하고, 햇볕에 말려서 물기 없이 준비한다.
4. 전복, 홍합은 큰 것으로 준비하고 작은 새우, 파, 두부도 준비한다.
5. 쇠고기는 독 밑에 깔고 숭어(또는 도미), 닭, 꿩의 순으로 넣은 뒤 메주를 장 담그는 방법대로 넣는다.
5. 물을 끓여서 식힌 뒤, 여기에 소금을 풀어서 장 담그는 방법과 같이 한다.
6. 짚으로 장독의 몸체를 싸고, 기름종이로 장독 입구를 단단히 밀봉하여 뚜껑을 덮는다. 이렇게 한 것을 흙에 묻는다. 1년 후에 먹을 수가 있다.
7. 1년이 지난 후 땅 속에서 꺼내어 장 걸러 먹는다.

어육장이야기

집안의 할머니 중 한 분이 시집오기 전에 궁궐에 들어가서 많은 음식을 배우셨다고 하는데 그 중 하나가 어육장이다.

어육장은 육포고추장과 함께 평범한 시골에서는 맛볼 수 없는 아주 귀한 것으로 우리 집안에서 대대로 손맛으로 이어져 내려오고 있다.

이렇게 전해 내려오는 어육장을 어머니께서는 젊은 시절에 귀한 맛을 잊지 않으시려고 담가 보셨는데 소고기, 전복, 숭어, 홍합 등 갖가지 좋은 재료들의 값이 비싸고 워낙 귀했기 때문에 자주 담그지는 못하셨다.

내가 장류사업을 하면서 어머니께 어육장의 비법을 자세히 여쭈어 보기도 하고, 전통음식연구소 윤숙자 교수님께 배우기도 해서 그 어육장을 담가 보았다.

올해도 어육장을 담가 땅속에 묻어 두었다. 1년이 지나면 꺼내 여러분께 맛을 보이고, 그 맛을 널리 알리도록 노력하겠다.

8도의 반가(班家)・명가(名家) 내림음식, 윤왕순

名家 동충하초간장

| 재료 및 분량 |

동충하초 200g, 메주 5.5kg, 소금 4kg, 물 15ℓ

| 만드는 방법 |

1. 물에 소금을 넣고, 풀어서 소금물을 만든다. 이것을 5~7일 정도 두어 가라앉힌다.
2. 항아리를 깨끗이 씻어 준비한다.
3. 분량의 메주를 2의 항아리에 담고 1의 소금물을 가라앉은 찌꺼기가 들어가지 않도록 부어준다.
4. 햇빛이 좋은 날 항아리의 뚜껑을 열어놓고, 해가 지기 전에 뚜껑을 덮어준다.
5. 이러한 방법을 50~70일 정도 반복하여 숙성시킨 후 장 가르기를 한다.
6. 장 가르기를 한 후 여기서 나오는 간장에 동충하초를 넣고 센불에서 끓인다. 이때 생기는 거품은 잘 걷어낸다. 약한 불로 줄여서 30분 정도 달인다.
7. 잘 달여진 간장을 뜨거울 때 항아리에 담고서 뚜껑을 덮어준다.
8. 햇볕이 잘 드는 곳에 항아리를 두고서 보관한다.

～ 동충하초 간장이야기 ～

어린 시절 우리 집에서는 누에를 많이 길렀다. 집에서 키운 뽕나무의 잎을 따서 먹이게 되면, 뽕잎이 모자랄 때가 많았는데 그러면 어머니께서는 산 뽕을 따러 다니셨다.

산뽕을 따러 가실 때면 주먹밥을 싸 들고 가 많은 산 뽕잎을 따서 등에 지고, 머리에 이고 오시곤 하셨다. 이렇게 해서 누에를 기르면 누에고치로 팔기도 하고, 누에고치에서 명주실을 뽑아 베틀에 걸고 옷감을 짜서, 그것으로 우리들 옷도 많이 만들어 주셨다. 누에고치에서 명주실은 뽑아내고 나면, 거기에서 번데기를 건져주며 몸에 좋은 음식이라고 먹이곤 하셨다. 어머니는 우리에게 먹이고도 남으면 썩혀서 동충하초를 기르셨다. 동충하초가 다 자라면 닭고기에 넣어 삶아주기도 하시고, 음식하실 때 넣기도 하셨다. 무엇보다 어머니께서는 간장 다릴 때 동충하초를 넣고 다리셨는데 그 맛이 독특했다.

어릴 적 어머니가 동충하초 간장을 만들던 기억이 나 장류 사업을 하고 있는 지금 여러 가지 시도를 함께 해 보고 있다.

8도의 반가(班家)·명가(名家) 내림음식, 윤왕순

名家 표고간장

| 재료 및 분량 |

건표고 500g, 메주 5.5kg, 소금 4kg, 물 15ℓ

| 만드는 방법 |

1. 물에 소금을 넣고, 풀어서 소금물을 만든다. 이것을 5~7일 정도 두어 가라앉힌다.
2. 항아리를 깨끗이 씻어 준비한다.
3. 분량의 메주를 2의 항아리에 담고 1의 소금물을 가라앉은 찌꺼기가 들어가지 않도록 부어준다.
4. 햇빛이 좋은 날 항아리의 뚜껑을 열어놓고, 해가지기 전에 뚜껑을 덮어준다.
5. 이러한 방법을 50~70일 정도 반복하여 숙성시킨 후 장 가르기를 한다.
6. 장 가르기를 한 후 여기서 나오는 간장에 표고버섯을 넣고 센불에서 끓인다. 이때 생기는 거품은 잘 걷어낸다. 약한 불로 줄여서 30분 정도 달인다.
7. 잘 달여진 간장을 뜨거울 때 항아리에 담고서 뚜껑을 덮어준다.
8. 햇볕이 잘 드는 곳에 항아리를 두고서 보관한다.

❦ 표고간장 이야기 ❧

길고도 지루한 장마철이 시작되었다. 나는 비를 유난히도 싫어한다. 비가 오면 동네 아이들과 들로, 산으로 돌아다닐 수가 없어 꼼짝없이 방안에서 뒹구는 수밖에 없었기 때문이다.

어머니는 비가 와서 밭에 나가지 못하는 날이면 바느질과 뜨개질을 하셨다. 비가 그치면 어머니는 우비와 장화를 신고 작대기를 들고 뒷산으로 가신다. 비온 뒤의 산속은 나뭇잎에서 물이 툭툭 떨어진다. 밤새 비가 온 다음날 아침, 잠시 비가 멈추면 어머니는 작대기로 숲을 헤치며 무엇인가 열심히 찾고 계신다. 그러다 무엇을 보았는지 얼굴이 환해지면서 나를 오라 부르신다. 그 곳에는 밤새 자란 산 버섯들이 군데군데 얼굴을 내밀고 있었다. 비 한번 오면 쏙 자라 있고, 또 비 한 번에 쏙 자라난다. 팽이버섯, 밤버섯, 싸리버섯, 꾀꼬리버섯, 청버섯 등 어머니는 독버섯과 식용버섯을 잘도 구분하신다. 어머니는 간장 다릴 때 말린 표고버섯, 북어 머리 등을 넣고 다리셨다. 그 것이 기억나 나도 만들어 보곤 하는데 아주 맛깔스럽다.

8도의 반가(班家)·명가(名家) 내림음식, 윤왕순

196

名家 찹쌀된장

| 재료 및 분량 |

메주 5.5kg, 소금 4kg, 물 15ℓ
찹쌀 1kg, 고추씨 가루 500g

| 만드는 방법 |

1. 메주에 소금을 넣고 물에 풀어 장을 담가 50~70일 숙성시킨 다음 장 거르기를 한다.
2. 찹쌀을 6시간 이상 물에 불린 다음 찜통에 찐다.
3. 된장에 찐 찹쌀, 고추씨가루를 넣고 골고루 섞은 다음 6개월 이상 숙성시킨다.

찹쌀된장 이야기

"장을 담글 때에는 꼭 곡물이 들어가야 한단다. 그래야 떫은맛이 없어진다. 찹쌀을 넣는 것이 제일로 좋고, 그것이 없으면 보리쌀. 그것마저도 없으면 밀가루 풀이라도 쑤어서 넣어야 제대로 된 장맛을 낼 수 있단다." 이렇게 어머니는 먼 훗날 장 담그는 일을 소명으로 지켜가고 있는 셋째 딸의 미래를 보듯 소중한 가르침을 가슴에 새겨 주셨다.

나는 어머니의 가르침을 지켜가며 꼭 찹쌀로 밥을 지어 장을 치댈 때 섞어서 만든다.

8도의 반가(班家)・명가(名家) 내림음식, 윤왕순

名家 사골된장

| 재료 및 분량 |

메주 5.5kg, 소금 350g, 물 15ℓ
찹쌀 800g, 메주가루 1kg, 고추씨가루 400g, 사골국물 3ℓ

| 만드는 방법 |

1. 메주를 깨끗이 씻어 말린다.
2. 소금물을 풀어 일주일 정도 가라앉히고 항아리를 깨끗이 씻어 소독을 한다.
3. 메주를 항아리에 넣고 소금물을 붓고 45일 정도 되면 장 거르기를 한다.
4. 찹쌀을 6시간 이상 불린 다음 찜통에 찌고, 고추씨는 곱게 빻아준다.
5. 장 거르기를 할 때 찰밥, 고추씨 가루, 메주가루, 사골국물을 넣고 농도를 맞춘다. (간장으로 맞추면 된다.)

사골된장 이야기

어머니는 음식이 귀하던 시절, 정성껏 담근 장맛 하나로 집안의 음식 맛을 지켜 냈다. 아버지가 사 오신 소꼬리나 사골을 푹 고아 된장과 치대 놓으면 훌륭한 건강식이 되고 봄이 되면 온갖 산나물로 산채 비빔밥을 만들어 먹었다.

사골된장으로 된장국을 끓이면 일 년 내내 고깃국을 먹는 것 같았다.

음식이 귀하던 시절의 삶의 지혜 한 토막이다.

8도의 반가(班家)·명가(名家) 내림음식, 윤왕순

名家 찹쌀고추장

| 재료 및 분량 |

찹쌀 800g, 엿기름 900g , 고춧가루 1.2kg, 메주가루 600g
굵은소금 660g, 물 11ℓ

| 만드는 방법 |

1. 찹쌀을 깨끗이 씻어 물에 12시간 정도 불려서 건진 다음 곱게 빻는다.
2. 엿기름가루는 40℃ 정도의 미지근한 물에 풀어 30분 이상 담가 당화효소가 잘 우러나오게 한 다음, 손으로 주물러 체에 걸러서 건더기는 꼭 짜서 버리고 엿기름물은 맑게 가라앉힌다.
3. 엿기름물이 가라앉으면 웃물을 따로 분리하여 웃물만 사용한다. (이때 가라앉은 것은 사용하지 않는다.)
4. 찹쌀가루를 분리해 놓은 엿기름물에 넣어 뭉치지 않도록 잘 저어서 찹쌀물을 만든다.
5. 찹쌀물을 60~70℃ 정도에서 3시간 동안 두어 당화시킨 후 불에 얹어서 솥에서 내용물이 $\frac{1}{3}$정도로 줄도록(갈색이 나도록) 졸인다.
6. 다 졸여진 찹쌀물을 한 김 나가게 식힌 후 메주가루를 넣어 골고루 섞은 다음에는 고춧가루를 넣고 골고루 섞는다.
7. 소금으로 간을 맞추어 항아리에 담아서 웃소금을 뿌린 후 햇볕이 잘 닿는 곳에 두고 뚜껑을 열어서 볕을 쪼여 6개월 이상 숙성시킨다.

찹쌀고추장 이야기

어머니는 "제일 좋은 고추장은 육포고추장이고, 다음은 찹쌀고추장, 그 다음은 보리고추장이다."라는 말씀을 자주 하신다.

어머니는 봄이 되면 마을 뒤쪽의 높은 산에 올라가 고사리, 취나물 등 여러 가지 산나물을 캐 오셔서 바로 삶아 고추장, 된장을 넣고 맛있게 무쳐 산채 비빔밥을 해 주셨다. 여름에는 집 앞 텃밭에 심어놓은 상추에서 여린 잎들만 골라 따다가 고추장을 넣고 맛깔스럽게 상추 겉절이를 해 주셨다. 여기에 밥을 넣고 쓱쓱 비벼서 한 입 크게 벌려 먹으면 아주 그만이다. 정말로 잊을 수 없는 그 맛.

내가 직접 고추장을 담가 나물을 무치고, 상추 겉절이를 해 보아도 어머니의 손맛이 도무지 나지 않는다. 어머니께서 담그시던 고추장 재료 그대로를 넣고 만들어도 도저히 그 맛을 흉내 낼 수 없을 것 같다.

8도의 반가(班家)·명가(名家) 내림음식, 윤왕순

名家 육포고추장

| 재료 및 분량 |

찹쌀(불린 것) 400g, 육포 500g, 대추 200g, 메주가루 1.4kg
고춧가루 600g, 물 6ℓ, 소금 800g, 꿀 300g

| 만드는 방법 |

1. 찹쌀을 깨끗이 씻어 6시간 불려 가루로 빻는다.
2. 육포와 대추는 깨끗이 손질하여 곱게 갈아 놓는다.
3. 찹쌀가루를 죽을 쑤어서 식힌 다음 메주가루를 넣고 버무리다가 고춧가루를 넣은 다음 잘 저어준다.
4. 잘 섞은 찹쌀고추장에 갈아 놓은 육포와 대추 갈은 것을 넣고 잘 섞고 소금과 꿀을 넣는다.

육포 고추장 이야기

우리 집안 대대로 내려오는 육포고추장은 맛이 아주 훌륭하다. 감히 맛이 훌륭하다고 하는 것은 다른 집에서는 찾아보기 힘든 고추장이기 때문이다.
할머니에게서부터 어머니에게로 입에서 입으로, 손에서 손으로 내려온 맛이기에 계량법도 정확히 없지만 오로지 손맛 하나만으로 이어진 것이기에 그러하다. 육포고추장은 어른들 상이나 손님이 오셨을 때만 조금씩 올려놓고, 평상시에는 거의 상에 오르지 않았다. 그만큼 아주 귀한 고추장이었다. 어머니는 가끔 아버지께서 소고기를 사오시면, 저희 많은 형제들 다 먹이고 나서, 조금 따로 남기시어 육포를 만드셨다.
그 육포로 손님이 오시면 술안주로도 조금씩 내놓으시고, 따로 아껴 고추장 담글 때에 곱게 다져 육포고추장을 담그셨다. 육포고추장은 작은 항아리에 담아 따로 고이 보관하셨는데 어린 우린 형제들은 어머니 몰래 귀한 육포고추장을 퍼서 밥을 비벼 먹고는 했다. 내가 장을 담가 판매하는 장류사업을 하겠다고 하자 생전의 어머니께서 "왜 힘든 것을 택하여 사서 고생을 하느냐"며 걱정하시던 모습이 지금도 눈앞에 선하다.

충청북도 제천 **이 연 순**

향토음식개발연구원, 향토음식개발학원 원장
소상공인 창업컨설턴트(소상공인진흥원), (사)한국전통음식연구소 강사
2005 전국떡만들기경연대회 금상, 2007 서울국제요리경연대회 대상
2007 한국음식대전 전국 대상, 2009 전통음식기능보유자 지정
2009 전국한방음식경연대회 주관
2011 제천한방바이오박람회 '한방음식 한상차림전' 주관

전통음식 전승보전의 공간

3월말의 제천 땅, 겨울의 끝자락이 아쉬운 듯 골목에는 아직도 잔설이 남아있다. 도심을 약간 벗어난 비탈에 자리한 제천고등학교 후문 2차선 도로변에는 차량의 행렬이 빈번하여 주차하기가 영 마땅치 않은데 이곳 단독주택가 지역에 「이연순 향토음식연구원」이 자리하고 있다.

음식솜씨의 손내림

나는 경주 이씨(慶州李氏) 41대 손(孫)이다. 중시조는 익제공(益濟公)으로 시조로부터 17세손에 해당된다. 할아버지 때부터 충북 단양군 매포면 고양리에 자리잡았다. 아버지대에 이르러 대농으로 성장하여 가세가 번창하니 집안 살림이 대폭 커져 하루에도 몇 번씩 밥상을 차리고 저녁 늦게 까지 술상을 보는 것은 다반사며, 마을의 대소사는 대부분 집에서 치루는 관계로 허리 한번 제대로 펴지 못하고 할머니와 어머니는 늘 그렇게 사셨다. 음식솜씨가 좋기로 유명했던 할머니는 가끔 엿을 고셨는데 특히 수수조청을 잘 만드셨다. 또한 음식 중에서 가장 어렵다는 혼돈병을 만드실 때는 집안 식구들 조차 발걸음을 죽이고 다닐 정도로 신경을 곤두 세우셨다.

팽계법(烹鷄法) 그 낯선 이름의 음식

할머니의 음식 솜씨와 정성을 옆에서 수발들며 등 너머로 배운 것은 어머니다. 어머니는 이웃한 어상천면 사평리에서 역시 가난한 농군의 딸로 태어나 그 당시에는 늦은 나이인 24세 때 아버지께 시집을 와 갑자기 큰살림을 짊어지게 되셨다.

어머니의 음식 솜씨는 시어머니에게서 그대로 전수 받은 것이니 금방 소문이 들을 건너고 강을 건넌다. 음식 하시는 모습도 판박이다. 어느 날, 팽계법(烹鷄法)이라는 닭요리를 하시는데 특히, 이 음식은 한 여름을 맞아 복(伏)중에 만드는데 커다란 무쇠 솥에서는 설설 끓는 물과 솟아오르는 뜨거운 김, 이글거리며 타오르는 장작불, 무쇠라도 녹일 듯 작렬하는 염천의 태양 같은 열기가 함께 어울려 금방이라도 폭발할 것 같은 지경 이었다. 그걸 아시는지 모르시는지 그런 와중에도 어머니는 두꺼운 수건을 머리에 두르시고는 연신 불을 지펴댔다. 얼굴은 홍시같이 붉게 익었고 땀은 적삼을 물에 빤 듯 허리를 거쳐 치맛단까지 얼룩이 졌다. 어머니의 자화상은 늘 그런 모습으로 다가왔다. 갖은 정성을 다해 장만해 낸 음식은 이미 음식의 차원을 뛰어넘었다. 그것은 어머니의 정신이었고 그분의 일생이었다. 우리가족은 그것을 먹고 자랐다.

할머니에서 어머니로 이어진 큰 살림살이는 집안의 9남매 중 맏이인 나에게 자연스레 이어졌다. 중학교 무렵부터 동네 느티나무 아래나, 순희네 양지바른 담벼락 밑 보다는 부엌에서 보내는 시간이 더 많아 지면서 어린나이에 음식 장만은 나의 일과가 되어있었다.

스승과의 숙명적 만남과 다시 떠나는 길

나는 제때 이루지 못한 향학열을 결혼생활 12년차 33살 되던 해 방송통신 고등학교의 문을 두드리면서 만학으로 불태우게 된다. 그 후 제천시에서 운영하던 「우리음식연구회」에서 열심히 활동하게 되고 그것이 전통음식과 본격적인 인연을 맺게 된 동기가 되었다. 몇 년간의 회원활동을 하는 동안 내외로부터 인정을 받아 부회장 2년, 회장 2년을 거치니 음식에 대한 탐구는 취미가 아닌 생활의 일부로 생각 되었고 조금 더 전문적인 연구를 하고 싶은 욕심에 당시 국내 최고의 권위를 자랑하는 「한국 전통음식 연구소」의 문을 두드리게 된 것. 윤숙자 교수님과의 숙명적 만남은 이렇게 이루어 졌다.

음식에 대한 눈을 뜨게 한 것은 어머니지만 전통음식에 대한 가슴과 머리를 열게 해 주신 분은 윤숙자 교수님이시다 나는 2007년 8월 그동안 벼르고 별렀던 향토음식개발연구원을 개원하였다. 그러고 나서 같은 해 12월에는 전통음식 보존과 전승을 위한 강습과 체험을 목적으로 한 학원도 개원하였다.

해가 기울면 땅거미가 진다. 가로등이 하나 둘 켜지고 있다. 향토음식개발연구원 건물. 아직은 작고 부족한 것이 많지만 무한한 가능성이 있다고 생각한다. 어떻게 성장할 지 예측하기는 어렵다. 다만, 외곽 목 채담을 두른 키 낮은 정원등 황색 불빛이 그렇게 정겨울 수가 없다. 어두운 주변을 밝히는 등불, 그리고 소금이 되고자 하는 길, 그런 사람들이 있는 한 이 세상은 살가운 정이 흐른다. 제천 땅도 이제 곧 해동이다.

충청북도 제천
이연순선생댁 내림음식

메밀꼴두국수
팽계법
메주속장
조기머리다림젓
혼돈병
찰옥수수범벅
수수부꾸미
약초떡
수수조청
콩엿

8도의 반가(班家) · 명가(名家) 내림음식 이연순

名家 메밀꼴두국수

| 재료 및 분량 |

메밀가루 200g, 통북어 1마리
신김치 50g, 파 30g, 마늘 10g

| 만드는 방법 |

1. 메밀가루는 국수 반죽하여 밀대로 밀어서 칼국수를 만든다
2. 통북어를 넣어 국수국물을 만든다.
3. 신김치는 채썰어 놓고 파, 마늘은 깨끗이 손질하여 파는 어슷하게 썰고 마늘은 다진다.
4. 국수국물에 신김치를 넣고 끓으면 메밀국수와 파, 마늘을 넣고 국수가 익으면 담아낸다.

∽ 메밀 꼴두국수이야기 ∽

메밀은 성질이 찬 음식이라 겨울철에는 어울리지 않을 것 같으나 이상하게도 메밀묵, 메밀국수, 메밀적 등은 겨울철이 시작되면서 자주 먹게 되는 음식이다.

찬바람이 부는 밖에서 놀다 꽁꽁 얼어붙은 몸으로 들어와 보면 어머니께서는 메밀국수를 밀고 계셨는데 할머니가 좋아 하신다고 자주 만드셨다.

손님이 오시면 별미 한번 드셔보라는 인사와 함께 동동주를 곁들여 내셨으며, 행랑채의 일꾼들과 그 가족들에게도 자주 내 주는 인심이 후한 음식이었다.

그러나 어린 아이들에게는 별로 인기가 없었던 것 같다. 밀가루국수 보다 면발을 굵게 써는 것이 특징이고 국수 밀대 옆에 쪼그리고 앉아 국수꼬리를 얻어 소죽 아궁이 잉걸불에 구워 먹으면 그리 맛이 좋을 수가 없었다.

名家 팽계법

| 재료 및 분량 |

닭 1kg, 간장 40g, 회향 2g, 부추 50g, 차조 10g, 참기름 13g

| 만드는 방법 |

1. 닭을 깨끗이 씻은 다음 배 속에 회향, 부추, 조피를 넣고 다시 배를 꿰맨다.
2. 꿰맨 닭을 항아리에 넣고 물에 간장과 참기름을 섞은 다음 유지로 봉하고 항아리째 솥에 넣어 중탕 한다.
3. 중탕하여 4시간 정도 끓여 닭의 등이 터지도록 익힌다.
4. 잘 익은 닭은 부추와 같이 곁들이고 국물은 따로 떠서 먹는다.

팽계법 이야기

팽계법(烹鷄法)이란 명칭은 아무래도 음식이름으로는 썩 어울리지는 않으며 낯선 이름임에는 틀림없으나 이름이 독특하여 관심을 가지는 것도 사실이다.

삶을 "팽"에 닭 "계"자를 써서 "삶은 닭 요리법"이라 해도 무방할 것이다.

우리나라의 전통 음식의 보감이라 할 수 있는 요록(要錄,1680)에 조리법이 나와 있는 이름 있는 전래 음식이다. 어릴 때의 기억이 아련하지만 집 마당에 닭을 놓아기르는 것이 일반적이었는데 지금에서 말 하는 토종닭이다.

종횡무진 채마전, 냇가를 쏘다니며 마음껏 먹이를 먹고 자란 그야말로 순 토종닭을 잡아 배를 쩍 갈라 젖힌 후 닭 비린내를 없애는 회향 약간과 신체의 허한 기운을 보충한다는 좁쌀, 부추를 함께 넣어 다시 봉합한 다음 은근한 장작불에 집간장과 참기름을 넣은 물을 끓여 그 김으로 5-6시간을 쪄내면 닭 등짝이 툭-터질 만큼 익는다. 이것에 간이 되어 있는 고기 찐 물을 섞어 함께 먹으니 그 맛과 향이 일품이었다.

은근한 불에 장시간을 찌니 은근과 끈기가 요구되어 바쁜 현대인들에게는 신경이 쓰이고 번잡한 음식임에는 틀림없으나 닭고기의 육질과 고유한 향과 약제가 혼합된 품격 높은 웰빙음식이라 영원히 보존되고 전승 되어야 할 우리 음식이라 할 수 있겠다.

8도의 반가(班家)·명가(名家) 내림음식 이연순

名家 메주속장

| 재료 및 분량 |

메주 150g, 소 금60g, 물 600g
꽁치 1마리, 달래 15g, 파 10g, 마늘 16g

| 만드는 방법 |

1. 잘 뜬 메주를 갈라 중앙의 메주 속을 떼 낸다.
2. 소금물을 심심하게 풀어 메주 속을 담근다. 따뜻한 부뚜막에 2일 정도 둔다.
3. 뚝배기에 메주 속을 넣고 자작하게 끓인다.
4. 꽁치는 깨끗이 손질하여 3등분하고, 달래와 파, 마늘도 깨끗이 씻어 먹기 좋은 크기로 자른다.
5. 메주 속에 꽁치, 달래, 파, 마늘을 함께 넣어 지진다.

메주속장이야기

구정이 지나고 나면 노랗게 잘 뜬 메주 속을 떠내어 심심하게 소금물을 부어 부뚜막 솥 뒤에 약 2일정도 두었다가 뚝배기에 자작자작하게 지져 내었다.

메주 냄새가 집안 가득 진동하여 아이들은 싫어하였으나 어른들은 특히 좋아 하신 것으로 기억된다.

이것에 꽁치나 달래를 함께 넣어 먹으면 맛이 상큼하여 새 봄이 오는 것을 느끼게 하는 겨울이 끝나갈 무렵의 음식 이었다. 장 담그기 전 메주 손질을 할 때 제일 먼저 생각나는 것으로 이제 곧 봄이 멀지 않았다는 희망찬 마음을 갖게 하는 별미음식이다. 집안에서는 된장을 풀어 끓인 장국이 맛이 없으면 항상 메주 속장의 진한 맛을 떠올리는 푸근한 정이 담긴 음식이다.

8도의 반가(班家)·명가(名家) 내림음식 이연순

名家 조기머리다짐젓

|재료 및 분량|

조기머리 150g
파 10g, 마늘 10g, 고춧가루 5g, 식초 1g, 참기름 13g, 깨소금 12g

|만드는 방법|

1. 조기머리를 모아 곱게 다진다.
2. 다진 조기머리에 파, 마늘, 고춧가루를 같이 넣어 더욱 곱게 다진 것에 참기름, 식초를 약간 넣는다.
3. 작은 질그릇에 담아 두고, 먹을 때에는 깨소금을 넣어서 낸다.

∞ 조기머리다짐젓 이야기 ∞

제삿날이 다가오면 어른들은 참으로 분주하셨다. 장을 보아 좋은 과일을 사들이고 물 좋고 살집이 통통한 굵은 조기로 미리 주문을 해둔다.
제삿날 아침이 되면 조기를 사다가 씨알이 굵은 놈은 상에 올리고 그보다 작은놈들은 따로 모아 머리를 떼어 잘게 다진다. 이것에 파, 마늘 등 갖은 양념을 하여 버무려 먹는데 약간씩 뼈가 씹히는 맛이 일품 이었다. 아버님께서는 "밥 내리 쫓는 데는 조기다짐이 최고여" 라고 말씀을 하곤 했었는데 특별히 반찬이 없을 때 조기다짐만 있어도 밥 한 그릇을 뚝딱 해 치울 수 있다는 말씀으로 생각되었다.

8도의 반가(班家)·명가(名家) 내림음식 이연순

名家 혼돈병

| 재료 및 분량 |

찹쌀가루 700g, 소금 12g, 꿀 15g, 승검초가루 30g
계피가루 3g, 후춧가루 3g
잣가루 30g, 생강녹말 4g, 대추 15개, 밤 10개, 잣 60g
고물 : 거피팥 1kg, 간장 50g, 황설탕 75g, 흰설탕 160g
　　　　꿀 75g, 소금 12g, 계피가루 3g
소 : 밤 300g, 소금 3g, 꿀 20g, 설탕 5g

| 만드는 방법 |

1. 찹쌀가루에 꿀을 넣고 비벼서 체에 내린 후 승검초가루, 계피가루, 후춧가루, 생강녹말, 잣가루를 넣고 가볍게 섞는다음 체에 내린다.
2. 거피한 팥은 깨끗이 씻어 하룻밤 정도 충분히 불렸다가 찜통에 쪄 낸 후 진간장, 황설탕, 흰설탕, 꿀, 소금, 계피가루를 넣고 고루 섞어 두꺼운 팬에 넣고 보슬보슬해질 때까지 약한 불에서 볶아 체에 한번 내린다.
3. 밤을 푹 삶아 어레미에 내린 후 소금, 꿀, 설탕을 섞고 대추알만한 크기로 동글납작하게 소를 빚어 놓는다. 소에 박을 대추와 밤은 두께 0.5cm, 길이 1.5~2cm로 두껍게 채 썰어 놓고 잣은 고깔을 벗겨 놓는다.
4. 찜통에 젖은 보를 깔고 고물을 고루 편 후, 준비한 찹쌀가루를 2cm 두께로 안치고 동글 납작하게 만든 소를 놓는다. 소가 충분히 덮이도록 찹쌀가루를 얹고, 볼록 올라온 방울 위에 대추채, 밤채, 잣을 함께 박아 고명으로 얹는다. 다시 그 위에 팥고물을 올린 다음 1.5cm 두께로 찹쌀가루를 얹고 베보자기를 덮어 찜통에 쪄서 맨 위에 한 켜 얹은 떡은 걷어내고, 직경이 4~5cm 정도의 둥근 몰드로 찍어내거나 방울방울 하나씩 베어 쓴다.

⚜ 혼돈병이야기 ⚜

초복부터 말복 까지를 삼복(三伏)이라 하며 더위를 막기 위하여 보신하는 음식으로는 삼계탕, 장어구이, 사철탕 등이 잘 알려져 있는데 '전통 떡'이 보양식이 된다는 것은 잘 모르고 있다.

약초의 고장인 제천 땅에서 자라 약초음식과 친숙하고 큰살림을 해 본 탓에 음식 하는 일이 그리 어렵다는 생각을 하지 않았는데 혼돈병이라는 떡은 말마따나 참으로 혼동이 가는 그런 음식 이었다.

이 음식은 1809년 빙허각 이씨가 지은 규합총서(閨閤叢書)에서도 그 기록을 찾아 볼 수 있는 고유의 전통 떡이다.

떡을 만드는 과정이 복잡하기 이루 말 할 수 없는데 먼저 찹쌀가루, 승검초 가루, 계피가루, 후추, 말린 생강, 잣가루를 섞고 꿀을 넣어 버무린 다음, 황률을 삶아내어 체에 내려 다시 꿀을 넣고 위로는 둥글게 아래는 편편한 모양으로 소를 만든다. 찜통에 볶은 팥고물을 깔고 쌀가루를 안치고는 소를 덮어 대추, 밤, 잣 고명을 박고 볶은 콩을 팥고물을 뿌린 후 쪄내어 방울방울 베어 쓰는데 옮기기도 숨이 찰 정도로 많은 정성과 시간, 재료가 들어가니 아무나 할 수 있는 음식은 아니라고 본다.

아무튼 이토록 어려운 과정을 거쳐 만들어진 귀한 음식이니 귀한 손님에게만 대접 하느라 자주 만들지는 않았다.

8도의 반가(班家)·명가(名家) 내림음식 이연순

名家 찰옥수수범벅

| 재료 및 분량 |

찰옥수수 800g, 붉은팥 50g, 울타리콩 50g
설탕 160g, 소금 12g

| 만드는 방법 |

1. 마른 찰옥수수 껍질을 벗기는 도정을 한다.
2. 도정한 마른 찰옥수수는 4~5시간 정도 물에 담가 불린다.
3. 울타리콩과 팥은 끓여서 물을 버리고 소쿠리에 건져 놓는다.
4. 불린 옥수수의 3배 정도 물을 부어 끓인다.
5. 옥수수가 다 익어갈 때 콩과 팥을 넣어 1시간 정도 은근한 불에 끓인다.
6. 옥수수, 팥, 콩이 어우러져 죽이 되면 소금과 설탕으로 맛을 낸다.

찰옥수수범벅 이야기

추위가 맹위를 떨치는 겨울의 한 중심에는 별 할 일이 없이 무료하게 지내는 것이 보통이고 이곳저곳에 둘러 모여 음식들을 자주 해 먹었다.

그 중 간단하고 쉽게 만들 수 있으며 여럿이 배 불리 먹을 수도 있는 음식이 찰옥수수로 만든 범벅이었다. 옛 부터 옥수수 범벅은 흉년이 들어 기근이 왔을 때 구황음식으로 알려져 있는데 지금은 일반적인 간식 음식으로 보급되어 왔으며 옥수수 가루는 이유식 재료로도 많이 사용되고 있다.

찰옥수수는 껍질을 방앗간에서 잘 벗겨 도정을 한 후 물에 10시간 정도 불려 가마솥에 팥, 콩과 섞어 푹 무르도록 삶으면 잘 혼합이 되는데 여기에 설탕과 소금 간을 쳐서 식혀 먹는다.

점심이 끝나고 저녁을 먹기 전 출출 할 때나 한밤이 깊어 갈 때 커다란 소쿠리에 담아 방 가운데 내어 놓으면 어머니들이 빙- 둘러앉아 나눠 드시며 담이 무너져 내리도록 깔깔거리며 웃어대던 추억이 묻어나는 정겨운 음식이었다.

8도의 반가(班家)・명가(名家) 내림음식 이연순

名家 수수부꾸미

| 재료 및 분량 |

찰수수가루 1kg, 붉은팥 320g, 소금 12g, 설탕 24g

| 만드는 방법 |

1. 찰수수쌀을 깨끗이 씻어 12시간 정도 물에 불리고 불린 수수쌀을 곱게 갈아 수수가루를 만든다.
2. 팥에 물을 넣어 한 번 끓으면 따라내고 다시 물을 6컵 넣어 센불에 끓인 다음 불을 줄여 중불에서 끓인다. 팥이 다 익으면 뭉쳐서 소를 만든다.
3. 수수가루에 소금을 넣고 끓는 물에 익반죽하고 반죽을 30g 정도 동그랗게 만들어 팬에 지진다.
4. 둥글게 부풀어 오르면 잘 익은 것인데, 중앙에 뭉친 팥소를 넣고 반을 접어 반달모양이 되도록 만들어 지져낸다.

수수부꾸미이야기

수수는 중국에서부터 전래 되어 우리나라에서는 가장 오래 전 부터 재배 되어온 오곡 중의 하나로 현대에는 항암 효과가 높은 음식으로 알려져 있다.

설날이 가까워지면 열흘 전 쯤 부터 물에 담가 붉은 물을 뺀 수수를 갈아 반죽을 한다.

뒤란 곁에 적소당을 걸고 장작을 가늘게 쪼개 불을 열심히 때면서 여기에서 은근히 구워 낸다.

반달 모양으로 접어 굽는 것은 수수빙편 이라 해서 속에 붉은 팥고물을 넣었고 넓적하게 구운 것은 부꾸미라 하였는데 속을 박아 넣지 않고 그냥 구워내는 것이 달랐다. 빙편은 그때그때 바로 먹어 치웠고 부꾸미는 정월 내내 두고 화롯불에 올려 구워 먹었던 겨울철 별미 음식이다.

8도의 반가(班家)·명가(名家) 내림음식 이연순

名家 약초떡

| 재료 및 분량 |

멥쌀가루 1kg, 당귀가루 30g, 대추고 300g, 막걸리 200g
설탕 150g, 소금 12g
고명 : 밤 15g, 대추 8g, 호박씨 1g, 석이버섯 1g

| 만드는 방법 |

1. 멥쌀가루에 당귀가루와 소금을 넣고, 체에 내린다.
2. 체에 내린 쌀가루에 당귀가루와 대추고, 막걸리를 넣고 손으로 싹싹 비빈 다음 체에 내린다.
3. 체에 내린 쌀가루에 설탕을 넣어 섞은 다음 시루에 안쳐 김 오르고 10분 정도 찐다.
4. 쪄낸 떡 위에 대추꽃, 호박씨 또는 대추채, 밤채, 석이채를 섞어서 얹어 낸다.

약초떡(당귀떡)이야기

옛날부터 제천땅은 약초 생산량이 많고 품질 또한 뛰어나 약초와 관련한 음식이 많이 발전되어 있었던 고장이다. 어머니께서는 특별히 약초떡 중에서 당귀편을 잘 하셨는데 항상 "당구떡, 당구떡.." 하셨고 동리는 약 30호 정도 되었는데 어머니께서는 떡을 몇 개의 큰 시루에 쪄내어 한집도 빠짐없이 돌렸는데 내가 그 심부름을 도맡다시피 하였다.

당귀떡은 1854년의 요리서인 윤씨음식법 (尹氏 飮食法)에 소개된 것으로 그 방법이 멥쌀가루와 당귀가루를 켜로 놓고 쪄낸 것이 승검초편과 다르다고 기록되어 있다. 그러니까 승검초편은 당귀잎을 넣은 것을 말하고 당귀떡은 당귀뿌리가루를 사용하는 것이 다른 것이다.

쌀가루에 한켜는 거피팥 고물을 또 한켜는 당귀쌀가루 고물을 켜켜이 얹어 편떡을 쪄내는데 약효가 높아 여자들에게는 피를 맑게 하고 몸을 따뜻하게 한다하여 그 당시에도 보양식으로 인기가 있었다. 집안에 경사가 있을 때에는 빠짐없이 상에 오르고 동네에 자주 나누어 주던 인심어린 떡이라 지금도 매우 친숙하게 느껴짐은 물론이다.

특별히 당귀가루 내는 법과 사용량을 적당히 조정하는 것이 그리 쉽지 않아 맛의 조절에 실패하는 경우가 종종 있어 수월하지만은 않은 음식이다.

8도의 반가(班家)・명가(名家) 내림음식 이연순

名家 수수조청

| 재료 및 분량 |

수수쌀 800g, 엿기름 400g, 무 100g, 생강 20g, 인삼 100g, 대추 100g
밤 100g, 잣 50g, 도라지 50g, 볶은 흑임자 50g

| 만드는 방법 |

1. 수수쌀을 씻어 2시간 담가 두었다가 다음 밥을 짓는다.
2. 밥에 엿기름을 섞어 따뜻하게 온도를 맞춘 다음 수수밥을 감주하듯 삭힌다.
3. 다 잘 식어 밥알이 뜨면 불에 끓인다.
4. 수수감주를 자루에 꼭 짜서 불에 올려놓고 무, 생강, 인삼, 밤, 대추, 잣, 도라지를 넣어 졸인다.
5. 다 졸았을 때 볶은 흑임자를 넣어서 담아낸다.

수수조청이야기

가을걷이 때가 되어 수수를 거둬들일 때가 되면 할머님께서는 어머니 들으시라는 말씀으로 "금년에는 조청을 많이 해 두어야 할 텐데―" 라며 걱정을 하셨다.
수수조청 고아내는 날에는 구들이 너무 뜨거워 불이 날 정도가 되곤 했는데 달콤한 엿 냄새가 진동할 때 쯤 되면 한 솥에선 엿을 고아내고 또 다른 한 솥에선 조청으로 고았다.
조청은 약 조청이라 하여 무와 생강, 여기에 생률, 대추, 검정깨, 흰깨를 함께 섞어 오랫동안 소려내어 커다란 항아리에 퍼 담아 놓는다.
항아리에는 항상 숟가락을 걸쳐놓아 날며 들며 한 숟가락씩 퍼 먹곤 했는데 이 때 조청에 함께 박혀있던 밤이나 대추를 골라먹기 위해 끈적거리는 조청을 몸에 묻히곤 했던 추억이 있다.
조청을 한 겨울동안 먹고 나면 웬만한 잔병치레는 하지 않는다는 말씀이 있기도 하거니와 정말로 맛이 꿀맛이어서 자주 먹었던 정겨운 음식이었다.

8도의 반가(班家)·명가(名家) 내림음식 이연순

名家 콩엿

| 재료 및 분량 |

콩 1kg, 조청 500g, 볶은콩가루 200g

| 만드는 방법 |

1. 콩을 깨끗이 씻어 중불에서 볶는다.
2. 조청을 불에 올려놓고 끓인다.
3. 끓인 조청에 볶은 콩을 넣어 고르게 잘 버무린다.
4. 버무린 콩을 볶은 콩가루를 묻히며 먹기 좋은 크기로 뭉친다.
5. 잘 뭉친 콩엿을 찬 곳에 보관 해 두고 먹는다.

콩엿이야기

엿을 만드는 방법은 조선시대 탁청정김수(濯淸亭金綏,1481-1552)가 지은 최고 고조리서(古調理書)인 수운잡방(需雲雜方)에 잘 나와 있다. 그 만큼 오래된 음식이면서 우리와 매우 친숙한 음식이 곧 엿이라 할 수 있다.

한해의 농사를 마무리하는 겨울 초입에 서면 기나긴 겨울을 지나기 위한 채비가 있게 마련이다. 저장 해 두고 먹을 수 있는 음식도 월동 준비 중의 하나인데 간식거리를 많이 장만 하는 일도 손을 바쁘게 하는 일 중의 하나이다. 살림이 넉넉한 집안 일수록 여러 가지 음식을 만들었는데 그 중에서도 많이 해 먹었던 것이 콩엿 이었다. 엿으로만 먹기에는 입에 달라붙어 불편 했고 너무 달기도 해서 많이 먹을 수 없었으므로 여기에 콩을 섞어 묻히면 단맛이 가시고 먹기 좋았다.

그 해에 정성들여 수확한 각종 콩을 썼는데, 노란콩, 밤콩, 검은콩을 많이 썼다. 콩은 입으로 깨물면 딱 소리가 날 정도로 볶아서 집에서 고아낸 수수엿, 찹쌀엿, 옥수수엿 등과 섞어 손아귀에 넣고 적당한 크기로 뭉쳐 볶은 콩가루와 묻혀 내면 되는데 손님이 오시면 빠지지 않고 올리는 접대용 간식으로 요긴하게 쓰였다.

경기도 안양 **정 은 수**

한국약선음식개발연구원 원장, 정은수전통음식학원 원장
명지대 한방약선학 석사, 전통음식기능보유자
2007 서울국제요리경연대회 시절음식부문 대상(문화관광부장관상)
2007 한국음식대전 지자체대표부문 농림부장관상
2009 세계떡산업박람회 아름다운떡만들기경연대회 심사위원
2011 서울국제외식산업박람회 '몸에 약이 되는 약선음식관' 주관
2011 제천한방엑스포 기념 전국한방음식경연대회 심사위원

따뜻한 정이 넘쳤던 천주교 집안

동래정씨 집의공파 28대손인 나의 증조할아버지 정규완은 대원군의 천주교 탄압을 피해 안양의 서쪽 수리산 깊은 곳으로 일가를 옮기셨다. 당시에는 담배촌으로 불리다가 현재는 병목안이라 불리는 곳으로 이름 그대로 병의 주둥이처럼 길고 깊어서 숨어 지내기에 좋은 곳이었다 한다. 지금은 수리산 성지로 많은 천주교인들이 순례하는 장소가 되었다.

그곳에서 29대손 장남 정태진, 2남 정영진, 3남 정두진, 4남 정성진 네 아들을 천주교의 독실한 신앙인으로 키우셨다. 그 중 막내아들인 나의 할아버지 정성진은 같은 처지의 독실한 천주교 집안의 장녀인 할머니 서병수와 혼인을 하여 안양에서 삶의 터전을 마련해 일가를 이루셨다.

할아버지와 할머니는 5남매를 낳으셨는데 그 중 3자녀를 병으로 잃고, 아들딸 남매만 키우셨다. 정성을 다하다 못해 극성스러웠던 할머니의 보호와 사랑 덕분에 큰 어려움 없이 자라서 인지, 아버지는 성품이 온화하고 말수가 적은 점잖은 분이셨다. 안양한전에서 근무하시며 틈틈이 한문 공부를 하여 자신의 온화한 성품을 닮은 아름다운 한시를 많이 지으셨다.

어머니 신진호는 대궐에서 사무직 근무를 하셨던, 외할아버지 신진태와 외할머니 권아가다 사이에 4녀 중 3녀로 태어났다. 조선미술 전람회에 2번씩 입상을 한 큰이모의 영향을 받아 예술적인 감각이 뛰어났으나, 전쟁과 위안부 징발 등 불안한 시국 탓으로 계성 여고를 졸업한 해에 서둘러 아버지와 혼인을 하셨다. 독실한 천주교 신자였던 외할아버지가 조용한 시골의 천주교 집안에 딸을 시집보낸 것이다.

줄곧 부유한 가정의 엄한 부모 밑에서 자라난 어머니는 시집와서 처음으로 보리밥을 먹어보았다는 말씀을 하곤 하셨다.

우리들이 어리고 안양이 아직 시골이었을 때 서울 출신 어머니 덕분에 의식주를 서울 아이들 못지않게 신식으로 유복하게 자랐고, 한전에 다니시다 퇴직한 후 그 당시 흔치않던 3층 건물 지어 목욕탕 사업과 임대업을 병행하시던 아버님 덕분에 학교 공부는 물론이고 피아노, 그림, 무용 등 특기공부와 수영, 스케이트 등 계절운동 까지 모자람 없이 다하며 자랄 수 있었다.

우리 할머니는 병으로 잃은 자녀들을 가슴에 묻고 한이 남아 아버지를 지극 정성으로 돌보셨다. 아버지가 결혼한 후에도 어머니를 제치고 아버지한테 모든 정성을 다해 어머니를 난처하게 만드셨다고 한다. 특히 서울 음식이 맘에 안 든다며 아버지 드실 음식을 직접 다 만들어 주셨다. 음식으로 건강을 돌보아 주시고 침 까지 배워서 직접 침을 놓아가며 아버지를 살펴주셨다.

전통음식연구가의 길을 열어 준 집안의 보양음식

독실한 천주교인이라 제사 음식, 고사 음식 등은 접해보지 못했지만 수많은 재료들을 이용한 보양음식을 특히 많이 해주신 할머니 덕분에 내가 전통음식연구가가 된 것이 아닌가 생각해 본다. 나는 갓난아기였을 때 툭하면 떼를 부리며 울고불고 하는 지독한 울보였다. 아버지가 퇴근 후 힘들 텐데 잠 못 자면 안 된다며 할머니가 나를 안고 나가셨는데 온 집안이 조용해 져서 어머니가 찾아보니 집 앞 개울에 놓인 다리위에다 버려두고 오셨더란다.

언니에 이어 또 딸인데다가 울고불고 떼쓰는 울보에 무언가를 생각하면 끝장을 보고야 마는 성격 때문에 대쪽 같은 성품의 할머니께 어린 시절 내내 구박을 받았고 싸리 빗자루로 많이도 맞았다. 하지만 그런 할머니도 정성껏 만드신 음식을 먹이실 때만큼은 따뜻한 눈빛으로 "이거 먹고 키 커라 이거 먹고 아프지 말거라" 다정한 목소리로 덕담을 해주시곤 하셨다. 나이 오십이 넘은 지금도 가끔 힘이 들 때면 어머니 생각을 하며 위로를 받는다. 오래 전 할머니의 그 모습과 목소리가 어머니와 겹쳐져 누구라 분간할 수 없는 그 모습에 커다란 위로가 되어 금 새 마음이 편안해 진다. 나는 아직도 고향에서 산다. 비록 다른 사람이 살고 있어 남의 집이 되었지만, 나의 고향집인 옛날 한옥집이 그대로 남아있다. 3층 건물 맨 꼭대기에 빨간 벽돌로 높게 솟은 굴뚝에는 '제일탕' 글자가 아직도 선명하다. 유년시절의 아름다운 추억이 남아있는 고향에서 전통음식연구가의 꿈을 펼치며 살고 있다.

경기도 안양
정은수선생댁 내림음식

칠향계
돼지고기묵
감국숙채
청포묵부침개
장짠지
포도약밥
권전병
도라지조청
창포식초
귀계장

8도의 반가(班家)・명가(名家) 내림음식, 정은수

名家 칠향계

칠향계 이야기

할머니는 다섯 명의 자녀 중에 세 명을 폐병으로 잃으셨다. 아버지는 외아들, 고모는 외동딸이 되어 애면글면 위하셨다. 도라지가 폐에 좋다고 우리 밭에는 도라지를 캐고 심기를 반복해서 도라지 천지였다. 철없던 시절에 사정도 모르고 도라지 껍질 벗기는 게 싫다고 언니와 투정도 많이 했었다. 도라지로 여러 가지 음식을 만드셨는데 그중 으뜸은 칠향계였다.

큼직한 닭에 도라지와 향채를 넣고 끓여 푹 무른 도라지와 닭고기를 국물과 함께 먹게 해주셨는데 너무 뜨거워 식기를 기다릴 때 할머닌 벌써 한 그릇을 다 드시고 따뜻해야 맛있다며 식은 냄비 들고 나가 따뜻하게 데워 오신다. 할머니는 무슨 음식이든 펄펄 끓여야 좋아하셨다. 국을 드시다가도 데워오라 고함을 치시곤 하셨다.

그런 할머니한테 칠향계는 꼭 맞는 음식 이었던 것 같다. 이상한 것은 어릴 땐 뜨겁다고만 느껴졌던 음식이 나이가 들면서 칠향계는 정말 따뜻할 때 먹어야 맛있다는 것을 느낀다.

재료 및 분량

닭 1.2kg, 도라지 50g, 생강 20g, 파 10g, 초피가루 5g
간장 18g, 식초 7.5g, 참기름 13g

만드는 방법

1. 닭은 배밑으로 내장과 기름을 빼내고 깨끗하게 손질한다.
2. 도라지는 끓는 물에 살짝 데쳐 쓴 맛을 없앤다.
3. 닭은 뱃속에 도라지, 생강, 파, 초피가루, 간장, 식초, 참기름을 넣고 실로 꿰멘다.
4. 질그릇에 도라지를 깔고 닭을 올려놓고 큰 솥에 김 오른 후에 중탕하여 끓인다.

*도라지, 생강, 파, 초피가루, 간장, 식초, 참기름 등 7가지 향이 나는 재료를 넣는다.

8도의 반가(班家)・명가(名家) 내림음식, 정은수

名家 돼지고기묵

| 재료 및 분량 |

돼지고기 1kg, 파 50g, 통후추 20g, 물 2ℓ
초장 : 간장 18g, 식초 5g
새우젓 : 새우젓 15g, 깨소금 3g

| 만드는 방법 |

1. 돼지고기는 비계를 제거하고 깨끗하게 씻는다.
2. 물에 돼지고기를 넣고 파와 통후추를 함께 넣어 끓여준다.
3. 고기가 익으면 꺼내서 실처럼 가늘게 썰고 국물은 체에 밭쳐 놓는다.
4. 국물에 가늘게 썬 고기를 넣고 약한 불에서 걸쭉해질 때까지 끓인다.
5. 평평하게 그릇에 돼지고기 끓인 것을 담아 식힌 후 모양 있게 썰어 초장 또는 새우젓과 함께 낸다.

❧ 돼지고기묵이야기 ❧

우리 할머니는 드세고 강인한 성격에 어울리지 않게 치아가 약하셨다. 무슨 음식이든 푹 고아 드시는 걸 좋아하셨다. 다른 집보다 먼저 연탄아궁이로 바꿀 때에도 장작아궁이 하나를 끝까지 지켜내시던 할머니를 우리는 구식 할머니라 놀렸지만, 틈나는 대로 나무를 해 나르시고 늘 가마솥에 무언가를 고으시던 할머니의 모습이 눈에 선하다.

동네에서 돼지 잡는 날이면 우리가 먹기 싫어하는 질긴 부위와 껍질까지도 깨끗이 손질해 푹 고아 다음날 상에 뚝딱하고 올려놔 주신다. 돼지고기 묵이었다. 쫄깃한 머리고기와는 달리 부드러우면서도 묵처럼 엉겨 씹는 맛이 좋았다.

새우젓을 찍어 드시던 할머니 모습을 보며 눈치를 볼라치면 어서 먹어라 한마디 하시고 밖으로 나가셨다. 한참이 지나 돌아오실 때 등에는 한짐 나무단을 지고 오셨다.

8도의 반가(班家)·명가(名家) 내림음식, 정은수

감국숙채

| 재료 및 분량 |

국화 100g, 녹말 20g, 쇠고기 300g
쇠고기양념장 : 간장35g, 설탕5g, 다진마늘3g, 다진파 14g, 참기름 13g
잣 10g, 석이버섯 10g, 식초 7g, 간장18g

| 만드는 방법 |

1. 국화를 손질 해 깨끗이 씻은 후 물기가 있는 상태에서 녹말가루를 묻혀 데친 후 찬물에 식힌다.
2. 쇠고기는 길이 7~8cm 폭 0.5cm로 채를 쳐서 양념장에 양념한 후 달구어진 팬에 볶는다.
3. 쇠고기와 국화, 석이버섯, 잣을 넣고 식초와 간장을 넣어 버무린다.

감국숙채 이야기

할머니께서는 대원군이 득세하던 시절 천주교 탄압을 피해 경기도 안양시 서쪽에 위치한 수리산 속으로 피난을 가서 사셨다. 그곳엔 유난히 감국이 지천이어서 나이 어렸던 할머니는 치마폭에 가득 꽃을 따서 집으로 가져가면 어른들은 그 꽃을 모아 말려서 베게속도 만들고 차를 끓여 드시기도 하고 맛있는 음식을 만들어 주시기도 했다고 한다.

혼례를 치루고 안양으로 나와서 일가를 이루고도 친정 다녀오는 길에 피어있는 감국 꽃을 잔뜩 따다 말리는 재미로 나무도 그곳으로 하러 다니셨단다. 우리에겐 그저 무섭고 사나운 할머니였는데 그렇게 아름다운 시절이 있었다는 게 놀라운 뿐이었다. 아버지가 쇠고기를 사들고 오시면 할머니는 쇠고기를 채쳐서 볶고 감국엔 전분 묻혀 익혀서 숙채를 만드신다.

두 분이 밤늦도록 감국숙채 안주에 술잔을 기우리면 어린 시절 할머니 이야기를 묵묵히 들어주던 착한 우리 아버지. 그 곁에 앉아 감국숙채를 먹어보면 쌉쌀한 감국 맛이 그리 좋지만은 않았다. 오히려 할머니의 옛 이야기가 더 맛있다고 느껴지는 밤이었다.

8도의 반가(班家)·명가(名家) 내림음식, 정은수

名家 청포묵부침개

|재료 및 분량|

녹두 100g, 소금 1g, 배추김치 30g, 다진 돼지고기 30g
청포묵 200g, 청고추 5g, 홍고추 5g

|만드는 방법|

1. 녹두를 8시간 물에 불렸다 비벼 씻어 껍질과 돌을 일어내고 믹서에 녹두를 곱게 갈고 소금 간을 한다.
2. 배추김치는 곱게 다지고 다진 돼지고기와 합하여 잘 섞어 놓는다.
3. 달구어진 팬에 식용유를 두른 후 녹두반죽을 넣고 가운데 알맞게 썬 청포묵을 얹고 주변에 김치와 돼지고기 섞은 것을 골고루 얹어 잘 지져준다.
4. 거의 익힌 다음 청·홍고추 고명을 얹고 한번 뒤집어 익혀낸다.

∽ 청포묵부침개 이야기 ∾

명절이나 잔치 날 묵을 쑤어 먹고 남기면 하루만 지나도 금방 굳어 맛이 없어진다.

할머니가 녹두를 불려 갈기 시작하면 어머니는 녹두반죽을 번철에 올려 기름에 굳은 청포묵을 올리고 지지다가 이것저것 함께 넣어 지글지글 지져주셨다. 요술처럼 청포묵은 부드러워지고 고소한 그 맛에 일부러 청포묵을 남겼다가 부침개를 부쳐 먹기도 했다. 과묵한 할머니는 맷돌을 돌리시며 부침개를 안주삼아 제법 많은 약주를 드시곤 하셨다. 할머니 돌아가신 후 어느 날 아버지가 맷돌을 돌려주셨는데 할머니 닮아 과묵하셨던 아버지도 부침개를 안주삼아 약주를 드셨다. 우리들이 할머니랑 똑같다며 할머니 생각난다고 하자 눈에 눈물이 그렁그렁 맺히면서도 자식 앞에서 울지 못하시는 아버지가 참 불쌍해 보였다. 애지중지 외아들을 사랑해주신 할머니를 얼마나 그리워하셨을까? 지금 생각해도 가슴이 아프다. 그래서 일까 청포묵 부침개는 잘 만들게 되질 않는다.

그렇지만 어머니 살아계실 때 정성껏 만들어 드리고 싶은데 그 맛 그때의 행복을 기억하실까?

8도의 반가(班家)·명가(名家) 내림음식, 정은수

名家 장짠지

| 재료 및 분량 |

무 1kg, 오이 600g, 배추 100g, 파 50g, 생강 10g
표고버섯 50g, 전복 600g
마른청각 10g, 건고추 20g, 구기자 20g, 게 500g, 새우 500g
간장 1ℓ, 소금 13g, 물 1ℓ

| 만드는 방법 |

1. 무와 배추는 깨끗이 씻어 반으로 나누어 끓는 소금물에 5분 정도 데친다.
2. 전복은 솔로 깨끗이 씻어 숟가락으로 떼어 2~3조각으로 저민 후 끓는 소금물에 데친다.
3. 새우, 게, 표고버섯, 청각, 오이 등은 통째로 끓는 소금물에 데친다.
4. 데쳐 낸 모든 재료의 물기를 빼고 항아리에 넣는다.
5. 간장, 건고추, 구기자를 함께 넣어준다.
6. 2~3일 후 간장을 따라내어 15분 정도 끓인 후 식혀서 다시 부어준다.
7. 3~4일 간격으로 3번 정도 반복 한 후 냉장 보관한다.

❧ 장짠지 이야기 ❧

내 유년시절의 집은 누구나 회상하면 떠오르는 그런 평범한 한옥이었다.

할머니는 늘 장독대 주변에 계셨다. 늘 씻고 닦고 뚜껑을 열었다 닫았다 분주하셨고 어머니께 호통을 치실 때도 그렇고 그곳에 계실 땐 무슨 대장군처럼 위풍당당 하셨다.

나도 유난히 장독대를 좋아했다. 봄에는 돌나물이 번져 노란 꽃을 피우고 여름엔 봉숭화 꽃이 붉게 피는 장독대에 앉아 놀면 옷에 흙도 묻지 않고 겨울엔 햇살이 너무나 따뜻했기 때문이다. 할머니는 그 꼴을 못보시고 늘 손에 들고 다니는 빗자루를 휘저으며 쫓아내곤 하셨다. 어느 날 장독대에 계시던 할머니께서 손짓으로 부르셨다. 평소엔 근접도 못하게 하던 장독대로 나를 오라고하니 의아해하며 다가갔다. 큰 항아리에서 무언가를 꺼내 손질하시더니 내입에 넣어주셨다. 간장 맛이 짭짤한 새우였다. 맛있냐? 하면서 내 눈을 바라보던 할머니 얼굴이 너무나 낯설기만 했다. 어린 맘에도 너무 착하고 인자한 얼굴로 보였기 때문이다. 그날 곰곰이 생각해보니 나를 구박하고 고함치면서도 먹을 것을 주실 땐 한없이 착하고 인자한 얼굴이라는 것을 알게 되었다. 커다란 항아리에 배추, 무, 버섯 등속과 할머니께서 직접 소래포구에서 사 오신 새우, 꽃게, 전복 등 귀한 재료는 다 들어있었지만, 그 재료들보다 더 귀한 할머니의 사랑으로 항아리가 채워졌다는 것을 너무 늦게 깨달아 안타깝다.

8도의 반가(班家)·명가(名家) 내림음식, 정은수

名家 포도약밥

| 재료 및 분량 |

찹쌀 400g, 소금 2g, 포도즙 700g, 포도알조림 80g, 꿀 40g
설탕 24g, 참기름 7g

| 만드는 방법 |

1. 찹쌀은 깨끗이 씻어 포도즙에 3시간 정도 불린 후 밭쳐 10분 정도 물기를 뺀다.
2. 김 오른 찜통에 면보를 깔고 찹쌀을 넣은 후 20분정도 찐다.
3. 소금 간을 한 포도즙을 뿌리고 나무주걱으로 고루 섞어준 다음 30분 정도 더 찐다.
4. 꿀, 설탕, 참기름, 포도알조림을 넣고 잘 섞은 후 센 불에서 20분 중탕한다.
5. 중탕한 포도약밥은 다시 한 번 잘 저은 다음 뜸 들인다.

*포도 1kg의 껍질을 벗겨 포도알의 씨를 제거한 후 설탕과 꿀을 1:1 비율로 넣고 포도알 조림을 만든다.
*포도 껍질을 모아 손으로 잘 주물러 포도즙을 만들어 이용한다.

❦ 포도약밥 이야기 ❦

내 고향 안양은 영등포역과 수원역 사이에 위치해 있어서 특급열차는 그냥 지나치고 완행열차만 서는 작은 마을이었다.

기찻길 양쪽으로 끝도 없이 포도나무가 줄지어 있는 포도의 산지로 유명한 곳이었다. 포도밭을 하시는 아버지 친구들 덕분에 우리 집은 포도가 흔했다.

할머니는 포도주 항아리를 뒤뜰에 묻으시고 보물단지 모시듯 관리를 하셨고 포도껍질을 벗겨 알맹이는 꿀에 조려 음식에 넣으시고 껍질은 잘 주물러 면보에 짜 포도즙을 만드셨다.

포도즙을 이용해 여러 가지 음식을 만들어 주셨는데 찹쌀에 포도즙을 넣어 찜통에 쪄서 포도약밥을 만들어 깨끗이 씻은 포도 잎에 한 덩어리씩 싸주셨다.

뜨거울 때도 향기까지 맛있지만 식은 후의 약밥은 더욱 쫄깃하면서 씹는 맛이 좋아 나는 일부러 식은 포도약밥을 찾아 먹었다.

지금은 어머니마저 병환으로 음식 만들기가 어려워져서 예전의 포도약밥 맛을 볼 수 없는 현실이 안타까울 뿐이다.

지금은 포도 잎을 구하기 어려워 할머니가 해주시던 그 모양은 아니지만 자꾸 만들어 보니 옛날의 그 맛이 살아나 우리 집만의 가을 음식이 되었다.

8도의 반가(班家)·명가(名家) 내림음식, 정은수

名家 권전병

| 재료 및 분량 |

메밀가루 170g, 밀가루 30g, 꿀 38g, 소금 5g, 쇠고기 100g
인삼 50g, 대추 20g
양념장 : 간장 18g, 소금 4g, 파 14g, 다진 마늘 5.5g, 식용유 36g

| 만드는 방법 |

1. 메밀가루와 밀가루를 섞고 꿀과 소금을 넣어 반죽한다.
2. 쇠고기는 곱게 다지고 인삼은 깨끗이 손질하여 대추와 같이 다진다.
3. 쇠고기에 다진 인삼, 다진 대추를 넣고 준비한 양념장에 양념하여 소를 만든다.
4. 반죽을 밀대로 밀어 소를 넣고 빚는다.
5. 달구어진 팬에 식용유를 넣고 중불에 15분 정도 지져낸다.

∼ 권전병 이야기 ∽

집 앞의 개천에 놓인 나무다리를 건너면 바로 방앗간이 있었다. 가끔씩 메밀을 빻는 날에는 작은언니와 내가 심부름을 갔었는데 하얀 가루를 머리에 덮어 쓴 채 집으로 돌아오면 어머니는 백발이 되어 왔다며 우리를 놀리셨다.

할머니는 벌써 아궁이에 불을 지펴 놓고 재료 준비를 하고 계시고 어머니는 메밀반죽을 하셨다.
어깨가 들썩들썩할 정도로 반죽을 하는 데에도 잘 치대야 쫄깃하다며 잔소리를 하셨다.
잘 치댄 메밀반죽을 동그랗게 밀어 온갖 소를 넣어 주름으로 마무리하여 번철에다 지져주셨다.
뭉근한 불에서 오래 지져야 익는 것이라 우리는 옹기종기 둘러앉아 기다려야 했다. 언니와 서로 내꺼 라며 찜해 놓고도 다 익은 것은 제일먼저 할머니께 드려야 했다. 뜨거운 아궁이 곁에서 후후 불면서 어린애처럼 참 맛있게도 드셨다. 탁탁 소리 내며 타던 장작불빛과 뜨겁던 열기, 권전병이 익으며 나던 좋은 냄새까지 아직도 기억에 생생하다.
세월이 흘러 나의 아이들에게 권전병을 해줬더니 신세대 아이들도 참 맛있게 먹는다.
아마도 내가 맛있게 먹은 게 유전되었나보다.

8도의 반가(班家)·명가(名家) 내림음식, 정은수

名家 도라지 조청

| 재료 및 분량 |

멥쌀 4kg, 엿기름 1kg, 물 2ℓ
도라지 1kg, 물 1ℓ, 꿀 50g, 설탕 50g

| 만드는 방법 |

1. 도라지는 껍질을 벗기고 잘 손질해서 물과 함께 오래도록 달인다.
2. 도라지가 무르도록 농도가 진해지고 색이나면 꿀과 설탕을 넣어 졸인다.
3. 멥쌀은 씻어 일어 고두밥을 찌고 식기 전에 물과 엿기름을 넣어 고루 섞어주고 24시간 후 면보에 거른다.
4. 거른 식혜물에 냄비에 넣고 오래도록 끓이다가 농도가 진해지면 도라지고를 함께 넣어 달인다.

도라지 조청이야기

밭에서 도라지를 캐는 날이면 집안일 도와주던 언니는 도망가고 싶다며 툴툴 거렸고 입시공부를 해야 하는 큰언니를 빼고는 모든 식구들이 둘러앉아 손톱 밑이 아프고 손끝이 시커멓게 변하고 끈끈해질 때 까지 도라지 껍질을 벗겨야 했다.

끝도 없이 쌓여있는 도라지를 원망하며 밤늦게 까지 도라지와 씨름 할 때 할머니는 장작불을 피워 가마솥에 불린 쌀과 엿기름으로 조청을 만들기 시작하셨다. 한쪽에선 도라지를 무르도록 푹 삶아 오래 조려서 걸쭉하게 도라지 청을 만들고 조청을 저어가며 바쁘게 일을 하셨다.

그 후로는 기침한번 해도 한 숟가락, 키 크라고 한 숟가락, 밥맛 좋으라고 한 숟가락, 눈만 마주쳐도 입에 넣어주셨다.

아리도록 단맛과 도라지향이 너무 진해 얼굴을 찡그리며 먹을 땐 사정없이 머리를 쥐어박던 할머니 손길이 웬 지 그리워진다.

긴 겨울밤 젓가락에 꿰어 구워주시던 가래떡은 도라지 조청에 찍어 먹었는데 잘 먹고 일어나 우리 방으로 가려면 바닥에 흘린 조청이 끈끈해 모두들 걸음걸이가 우습다고 서로 놀리곤 했다. 참으로 행복한 유년시절 이었다.

8도의 반가(班家)・명가(名家) 내림음식, 정은수

名家 창포식초

| 재료 및 분량 |

창포뿌리 1kg, 누룩 200g, 멥쌀 3kg, 물 2ℓ

| 만드는 방법 |

1. 창포뿌리는 잘 손질해 깨끗이 씻어 물기를 제거한다.
2. 멥쌀은 깨끗이 씻어 고두밥을 지은 후 누룩과 섞어 숙성시킨다.
3. 숙성시킨 막걸리를 면보에 걸러준 후 샤주머니에 넣어 창포뿌리를 넣어 숙성시킨다.

창포식초 이야기

뒷마당 감나무 밑으로 길게 창포뿌리가 계속 번져 창포 밭이 되어버렸다.

뒷마당에서 놀다 땅을 파게 되어 뿌리를 살짝 건드리면 독특한 창포향기는 오래도록 남아있었다.

할머니는 잎을 삶아 그 물에 머리를 감고 뿌리는 쌀과 누룩을 섞어 막걸리를 만들어 여러 날 숙성 시킨 후 걸러 식초병에 담아두시고는 식후에 한잔씩 창포식초를 드셨다.

머리에는 겉과 속에 다 좋다며 우리에게도 먹이셨는데 어릴 때 창포식초를 먹어서 그런지 우리자매들은 나이가 들어서도 흰머리가 적은편이다.

그렇지만 먹기 싫다고 찡그리며 먹어서인지 얼굴의 주름살이 많아졌나보다.

늘 부지런히 무언가를 찾아내어 가족들에게 먹이고 베푸시던 할머니가 나이가 들수록 더 많이 그리워지는 까닭에 계절이 돌아오면 기억을 더듬어서 제철음식을 만들어 본다.

8도의 반가(班家)·명가(名家) 내림음식, 정은수

名家 귀계장

|재료 및 분량|
당귀 1.2kg, 물10ℓ, 녹각교 600g, 계심 200g, 생강 200g, 꿀 1.8ℓ

|만드는 방법|
1. 물에 당귀를 넣고 푹 끓여 500g 정도로 졸인다.
2. 당귀를 건져내고 녹각교를 넣어 녹여준다.
3. 생강가루와 계심을 넣어 걸쭉하게 끓인 후 잘 걸러준 다음, 꿀을 섞는다.

*귀계장은 냉장고에 보관하고 식성에 맞게 희석해서 마신다.

귀계장 이야기

할머니는 참으로 부지런하셨다. 오곡이 무르익는 가을이 오면 새벽에 서둘러 나가셨다가 머리에 약재 포대를 이고 돌아오신다. 어머니는 군일 생겼다고 투덜거리면서도 아궁이에 불을 지피고 가마솥이 터지게 당귀를 넣고 물과 함께 끓이셨다. 우리들은 그 냄새가 싫어서 옆집 친구네로 도망을 친다. 한참을 놀다 저녁 먹을 때쯤 집으로 돌아오면 할머니와 어머니는 푹 무른 당귀를 건져내느라 분주하셨다.

아침이 되면 무서운 할머니의 고함소리에 깨어나 달작지근하고 걸쭉한 귀계장을 한 사발씩 마셔야 했다. 겨울추위 이기려면 다 마셔야 한다며 지키고 서계시던 할머니의 근엄한 표정 때문에 군소리 없이 마시던 귀계장. 근래에 고서를 공부하던 중 규합총서에 귀계장이 나온 것은 보고 많이 놀랐다.

할머니는 어떻게 이런 음식을 만들었을까 궁금해 한 적도 있었는데 우리 조상들의 지혜로운 음식이었다. 거칠고, 사납고, 무식한 할머니로만 생각했었는데 가족의 건강을 책임지고 지켜주신 훌륭한 분이었다.

전라남도 함평 **조 현 선**

향음주례연구소 원장, 서울시 무형문화재 제8호 삼해주(약주) 일반전수자
(사)한국조리기능인협회 이사
농촌진흥청 향토자원화사업 향토음식 컨설팅 자문위원
'2010 대한민국 우리술 품평회' 심사위원
전국농업기술센터 전통음식 강사 (사)한국전통음식연구소 전통민속주 전임강사
명지대학교 대학원 한국전통음식문화 전공 졸업

혹독한 시집살이에 눈물로 술 빚은 시어머니

시댁은 한양 조씨 양절공파 한풍군파이다. 전라남도 함평의 시댁은 원 종가는 아니나 시조부님 조정원(正元) 때부터 장자로 이어져 왔다. 시아버지 조병주(炳珠)께서도 5남매의 장자로 자라났다. 시어머니 이소녀(少女 : 함평이씨)께서는 한양 조씨 집안으로 시집을 와 2005년 2월 92세로 작고하실 때까지 집안 대소사에 모든 음식을 홀로 이끌어오셨다.

읍내에까지 소문이 날 정도로 엄하고 무서우셨던 시할머니의 시집살이 밑에서 워낙 많은 농사를 짓는 집안이라 항상 일꾼들의 끼니까지 챙겨가며 한 시도 부엌을 떠나지 못하셨다. 시어머니의 술 빚는 솜씨는 마을에서 정평이 날 정도로 빼어났다. 농사가 많아 일꾼들이 많은 관계로 항상 새참 두 끼는 술로 내주셨다. 그 때문에 시어머니와 큰 시누는 아침상을 물리자마자 술을 걸러 아침참을 내고 돌아서서 바로 점심을 준비하였다. 점심 후에는 오후 참으로 술을 내는 일이 기다리고 있었고 다시 저녁을 준비해야 하는 고단한 삶이 이어졌다.

항상 술이 있어야 하는 일상이었기 때문에 토굴 속의 커다란 독 3~4개에는 금방 담근 술, 익어가고 있는 술, 다 익은 술 등이 가득 담겨 있었다. 한 독 비워지면 바로 채워 넣어야만 했다. 여름철에는 다 익은 술을 거르지 않고 작은 항아리에 옮겨 담아 집 앞의 천수답 논 가운데의 옹달샘에 보관하는데 동네 청년들이 밤에 몰래 나와 밀 대롱으로 독안의 윗 술을 빨아 먹고는 물을 채워 놓곤 했다. 시어머니가 아무것도 모르고 술을 걸러 새참으로 내가시면 시할머니는 맛없다 호되게 꾸중 하시어 시어머니 눈에 눈물 마를 날 없었다. 시어머니는 온갖 시집살이를 이겨내며 술을 빚고 또 빚어 맛내기에 온 정성을 다하셨다.

술 빚는 법을 전수받다

시어머니는 내게 밀을 빻아 누룩을 디며 띄우는 일부터 술을 걸러 증류하여 침출주 담그는 일까지 수시로 가르치시고 일러 주셨다. 응용 방법까지 꼼꼼하게 정성껏 일러 주시면서도 술이 잘못 되었다는 꾸지람은 한 번도 하지 않으셨다. 신술이 되면 식초를 만들고, 단술이 되면 있던 약주 부어 단맛을 희석하고, 쓴술은 엿기름과 당원을 첨가해 발효를 더 해 술맛을 대신 살려 내시고 만다.

항상 술이 떨어지면 안 되는 집안이라 5일에 한 번 꼴로 술을 빚는다. 밑술이 5일이면 완성되기 때문이다. 그러나 나는 밑술이 완성되는 시기를 잘 모르던 새색시 시절에는 읍내 장날에 맞추어 대략 빚었다 날짜는 몰라도 동네 분들이 장에 가시는 날은 알 수 있었기 때문이다. 저희 집 술은 그래서 보름주이다.

시어머니, 정한수 떠 놓고 두 손 합장 하시는 날

해마다 음력 2월 말(末)에는 장을 담근다. 먼저 항아리에 잘 녹인 소금물을 바가지로 퍼 넣는다. 작년 가을에 농사지은 콩으로 만든 메주를 솔로 박박 문질러 잡균을 깨끗이 털어내고 항아리에 넣고 소금을 부은 다음 메주가 소금물에서 떠오르지 않게 대나무로 눌러 놓고 마른 고추와 달구어진 시뻘건 숯을 '칙' 소리가 나도록 넣는다. 시어머니는 항아리에 금줄을 매고 나서 정한수를 상에 올려 치성을 드리신다. 장맛이 좋아야 집안 잘 되기 때문이라고 하시면서 온갖 정성을 다하셨다.

어깨너머로 배운 술이 인생의 반려자로

10년 전쯤부터 무언가 내가 홀로 서기를 할 수 있는 것이 없나 궁리를 했었다. 만약 내가 늙어서 자식에게 의존하지 않고도 스스로의 삶을 살 수 있는 방법을 생각했다. 우연히 TV를 보다 전통음식에 대한 정보를 듣고 나이가 들수록 연륜이 생겨 더 대접 받을 수 있는 것이 우리의 전통음식을 배우는 것이라 생각 되었다. 전통음식은 정년퇴직이 없음을 깨닫고 교육기관인 한국전통음식연구소의 문을 두드렸다. 여러 가지 전통음식 중에 어깨너머로 배워본 술이 친숙해 무형문화재이신 권희자 선생님께 전수 받기 시작하여 오늘날까지 지도를 받고 있다.

또 초보자들을 가르치며 선생님 소리도 듣고 있다. 두 분의 스승님이신 윤숙자 교수님과 권희자 선생님 덕분에 여기까지 올 수 있었다. 두 분께 감사의 절을 올리며 앞으로도 더욱 정진하여 제자로서, 또 향음주례 연구원을 운영하는 책임자로서 책임을 다하려 한다. 스승님 감사합니다.

전라남도 함평
조현선선생댁 내림음식

애저찜

홍어애탕

편적

강주

감국주

토종주

보름주

하수오주

급주(동방주)

매실약주

8도의 반가(班家)・명가(名家) 내림음식, 조현선

名家 애저찜

재료 및 분량

애기돼지 2kg, 통마늘 10g, 양파 100g, 대파 100g, 생강 50g
양념장 : 간장 50g, 식초 50g, 다진 마늘 15g, 고춧가루 15g, 통깨 5g

만드는 방법

1. 새끼돼지는 어미뱃속에 있던 것이나 낳아 바로 죽은 것은 그대로 깨끗이 물에 씻고 낳아서 먹이를 먹다 죽은 것은 배를 갈라 속의 내장을 꺼내고 깨끗이 씻는다. 그 속에 마늘 생강, 양파, 대파 등을 넣어 잘 여민다.
2. 가마솥 안에 물을 여러 바가지 붓고 대나무로(겅그레) 솥 안에다 교차시켜 버티게 하고 돼지새끼를 그 위에 올려놓고 2시간 정도 푹 무르게 찐다.
3. 살이 흐물대도록 익혀지면 꺼내어 초간장에 찍어 먹는다.
4. 가마솥 안의 진국은 식혜 기름기를 제거하고 간하여 국으로 먹거나 불린 쌀을 넣어 죽을 쑤어 먹는다.

애저찜이야기

규합총서에 보면 애저탕은 광주의 명물로 나온다. 새끼 밴 어미돼지를 잡아 새끼집에 든 쥐 같은 것을 정히 씻어, 그 배 속에 양념하여 통째로 찜하면 맛이 그지없이 감미롭다고 했다. 그러나 얻기가 매우 힘들 뿐 아니라 일부러 잡기는 음덕(陰德)에도 해로움이 있으니 그저 연한 돼지를 취하라는 충고까지 곁들였다. 그래서 요즘은 어미 배 속에 든 것을 빼내는 일은 없고 축산 처리 과정에서 생긴 어린 새끼돼지인 아저(兒猪)를 쓴다. 아저는 어감이 안 좋으니 아예 슬플 애(哀)자를 써서 애저라고 부른다.

새끼돼지가 배 속에 있던 것과 낳았을 때 바로 죽은 것은 그대로 찜하고 낳아 2~3일 먹이를 먹다가 죽은 새끼는 내장을 빼내고 그 속에 생강 양파, 마늘, 대파 등을 넣고 찜한다.

가마솥 안에 물을 붓고 대나무로 솥 안에 교차시켜 버티게 하고 돼지새끼를 그 위에 올려놓는다. 2시간 정도 푹 무르게 쪄내 살이 흐물거릴 정도로 익혀 초간장에 찍어 먹는다.

그리고 가마솥 안의 진액 국물은 식혜 기름기를 제거하고 간하여 국으로 먹거나 불린 쌀을 넣어 죽을 쑤어 먹으면 정력보강, 주류해독, 피로회복에 좋다.

시조모님과 시어머님께서는 자주 이 찜을 드시고 겨울에도 추위를 모르고 생활 하셨다고 한다.

8도의 반가(班家)·명가(名家) 내림음식, 조현선

名家 홍어애탕

| 재료 및 분량 |

(삭힌)홍어, 홍어 내장 500g 보리순 100g(부추, 시래기), 대파 50g
홍고추 30g, 청고추 30g
양념장 : 된장 20g, 마늘 10g, 후춧가루 2g, 춧가루 15g

| 만드는 방법 |

1. 냄비에 물을 붓고 된장을 넣은 다음 풀어준다.
2. (삭힌)홍어는 회, 무침, 찜 등으로 먹고 남은 뼈 부위를 버리지 말고 내장탕에 사용한다.
3. (삭힌)홍어 내장은 토막 내어 잘 썰어 넣는다.
4. 보리순을 깨끗이 씻어 넣고 한번 끓이다가 고춧가루, 마늘을 넣고 끓이면서 거품을 걷어낸다.
5. 썰어둔 홍고추, 청고추, 대파를 넣고 끓이면서 후춧가루를 뿌리고 그릇에 담는다.

홍어애탕 이야기

전라남도에서는 애경사가 있으면 빠지지 않는 음식이 홍어다.

전라도에서는 홍어의 내장은 분리해 싱싱할 때 된장국에 어린 보리 싹을 넣고 끓이다가 마지막에 홍어내장을 넣어 끓여먹는 홍어애탕과 그 유명한 홍탁삼합이 있다. 회로는 싱싱한 것이 아니라 꼭 삭혀서 먹는다. 홍어를 항아리에 짚으로 차곡차곡 재워서 비닐포대를 씌워 두엄속이나 붓두막에 두면 발효되어 코를 찌르는 냄새를 풍기며 삭는다. 먹을 때 눈물이 핑 돌아야 제대로 삭혀진 것이라 한다.

한 번은 이런 일도 있었다. 시합아버지께서 홍어를 한 마리 사 오셔서 빨리 삭히실 요량으로 외양간이 딸린 우리 작은 방 아랫목에 비닐포대에 홍어를 넣어 이불로 감싸 놓으셨단다. 그리고 쇠죽을 끓이셨는데 시합아버지께서는 홍어를 묻어 놓으신 생각은 잠시 깜빡하시고 쇠죽을 끓여 소를 먹이는 대만 정신을 쏟으셨으니...

쇠죽은 불을 한 두 시간 때야 끓여지는 것이기 때문에 아랫목은 그야말로 쩔쩔 끓었다. 거기에 홍어를 묻어 삭혔으니. 그러니 이건 삭힌 게 아니고 찜을 하신 거다. 홍어가 다 익어버렸단다.

당시에도 지금으로 따지면 한 오십만 원 정도 하는 것을 큰맘 먹고 목포에서 사 오셨는데...

8도의 반가(班家)·명가(名家) 내림음식, 조현선

名家 편적

| 재료 및 분량 |

닭 2kg, 양파 150g, 당근 100g, 청고추 2개, 홍고추 2개, 다진 마늘 20g
후춧가루 5g, 소금 15g, 참기름 15g, 녹말 150g, 식용유 100g

| 만드는 방법 |

1. 닭은 털을 완전히 제거하고 내장도 꺼내어 깨끗이 손질한다.
2. 도마에 올려놓고 뼈까지 곱게 다진 다음 준비한 채소를 깨끗이 씻어 다져 녹말을 넣고 잘 치댄다.
3. 준비한 닭고기 반죽을 손으로 조금씩 떼 내어 얄팍하게 빚는다.
4. 달궈진 팬에 식용유를 두르고 편적을 노릇노릇 하게 지진다.

*닭은 너무 크지 않은 중간 닭으로 한다.

~ 편적 이야기 ~

사위가 오면 씨암닭을 잡는다는 옛말이 있다.
시골에 모처럼 백년손님이라는 귀한 사위가 오면 곧바로 잡아 대접할 수 있는 것이 마당의 새 사냥이기 때문이다. 지난날 농촌에서는 집집마다 닭을 몇 마리씩 마당에 놓아길러서 알을 내어 먹는 귀물로 여겨왔고 비상 접대용 구실을 해왔다. 내가 갓 시집을 가서 처음 만들어 본 음식이 바로 이 편적이다.
시어머니께서 닭 한 마리를 잡아주시면서 곱게 다지라고 하셨다 나는 닭의 뼈를 다 발라내고 살만 다졌더니 시어머님은 그게 아니지 하시면서 다시 닭을 한 마리 잡아와 닭 배속의 내장과 닭 머리와 발만 자르시고 통째로 다지시는 것이었다. 1시간가량 다지니까 아주 곱게 다져졌다.
닭고기는 다른 육류에 비해 값이 싸고 구하기 쉽고 조리하기에도 쉬웠다. 또 잔치음식에 빠지지 않았는데 여러 사람들이 함께 먹을 수 있고 영양 보충에 적합했기 때문이다. 칼슘이 풍부한 닭의 뼈를 버리지 않고 닭 통째로 곱게 다져 각종 채소와 어울려 전을 지지면 뼈가 씹히면서 고소하기도 하며 여러 가지 야채가 닭고기의 냄새를 없애 준다. 어른이나 아이들 할 것 없이 가장 좋아 하는 음식으로 인기 있었다.
닭고기는 따뜻하면서 소화 기능을 도와주며 양기를 보해주는 보양식이다.

8도의 반가(班家)·명가(名家) 내림음식, 조현선

名家 강주

|재료 및 분량|

멥쌀 8kg, 누룩 3.2kg, 엿기름 800g, 물 10ℓ
찹쌀 1.6kg, 생강 100g, 마늘 100g

|만드는 방법|

1. 멥쌀로 깨끗이 씻어 물에 담갔다가 고두밥을 짓고 차게 식힌다.
2. 누룩과 엿기름은 물에 불려 체에 걸러 고두밥에 섞고 잘 버무려 항아리에 담는다.
3. 2~3일후 술이 잘 끓고 있을 때 찹쌀을 깨끗이 씻어 물에 담갔다가 고두밥을 지어 차게 식혀 술에 넣고 하루 정도 있으면 밥알이 동동 뜨기 시작한다. 이 때 생강과 마늘 찐 것을 자루에 담아 술에 넣는다.
4. 생강과 마늘을 넣은 후 하루 지나서 동동주로 마시거나 용수를 박아 2~3일 더 두어 맑은 술이 고이면 윗술만 떠서 제주(祭酒)로 사용하고 음복할 때 따끈하게 데워서 마신다. 나머지는 탁주로 체나 자루에 넣어 짜서 소주고리에서 증류한다.

강주 이야기

시할머니께서는 항상 누룩을 띄워 술을 빚으셨다. 농사가 많은 집이라 쌀이 풍족하여 집안에 술이 떨어지는 날이 없었다. 누룩은 수확한 밀은 7월에 일꾼들이 도리깨로 타작하여 맷돌에 갈아 물을 넣고 반죽한다. 그런 다음 누룩 틀에 넣고 발로 아주 단단하게 디뎌 시렁에 올려 두면 아주 질 놓은 누룩으로 만들어졌다. 시골에서 읍내 장에 한번 다녀오려면 왕복 40리 길을 걸어야만 한다. 시조부께서도 추운 겨울 길을 나서실 때는 꼭 이 강주를 따끈하게 데워 드시고 길을 나섰는데 몸에서 열이나 추운 줄 모르시고 다녀오셨다고 한다. 일제시대나 광복이후에는 밀주 단속이 심하여 시어머님은 파출소 신세도 여러 번 지셨다고한다.
우리 집 술(강주)은 미숙주일 때 동동주로 먹으면 엿기름이 들어가 맛이 달콤하며 생강과 마늘의 향이 어우러져 독특한 향기난다. 또 약주로 따끈하게 데워 마시면 풍과 두통에 매우 좋아 시어머님께서도 술을 담그실 때 자주 맛을 보셔서인지 92세까지 건강하게 사셨다.

8도의 반가(班家)・명가(名家) 내림음식, 조현선

名家 감국주

감국주이야기

밀주 단속이 심하던 시절이다. 마을에서 마당이 가장 큰 시댁에서 어느 날 마을 어른들이 모여 회의를 하셨다. 회의의 주제는 어찌하면 밀주단속을 피해 술을 빚어 먹을 수 있는가 하는 것이었다.

농촌에서는 새참으로 술이 없으면 일을 할 수가 없다. 우리의 전통주는 영양이 풍부하여 출출함을 달래는 좋은 간식거리였다.

마을 사람들은 농사를 지으러 낮에는 모두 들에 나가고 없기 때문에 단속꾼들이 오면 속수무책으로 당하기 십상이었다. 그리고 농촌은 품앗이를 하기 때문에 어느 집이 일하는 날이면 읍내에 있는 양조장에서 술을 받아와야 하는데 사가고 가는 술의 양이 적으면 양조장주인은 밀주 단속반에게 알려 일하는 집을 수색하도록 했다고 한다. 양조장 주인은 술의 소비량을 미리 가늠하기 때문이다.

마을의 어른들은 이 밀주단속을 피하기 위해 단속반이 온다는 소식을 들으면 마을에서 가장 달리기를 잘하는 청년을 뽑아 마을 뒷산에 올라가 소리치기로 의견을 모으고 소리가 들리면 마을 사람들은 집으로 얼른 달려가 술 항아리를 감추었다고 한다.

재료 및 분량

밑술 : 멥쌀 2kg, 끓는물 2.5ℓ, 누룩 1.2kg
덧술 : 찹쌀 5kg, 국화 꽃대와 잎 삶은 물 6ℓ, 감국 100g

만드는 방법

밑술
1. 멥쌀을 깨끗이 씻어 물에 담갔다가 건져 가루로 빻는다.
2. 멥쌀가루에 끓는 물을 부어 죽을 만들고 차게 식으면 누룩을 넣어 잘 버무려 항아리에 담아 23℃에서 5~7일 발효시킨다.

덧술
1. 찹쌀을 깨끗이 씻어 물에 담갔다가 고두밥을 잘 익게 찐다.
2. 밥이 식으면 밑술과 국화 꽃대와 잎 삶은 물과 말린 감국을 섞어 항아리에 담아 20~23℃에서 20일 발효시킨다.

*중양절은 음력 9월 9일로 양수가 겹쳤다는 뜻에서 절기상 좋은 때로 여겨 떡과 술을 장만하여 조상님께 천신을 다하였다.

8도의 반가(班家)・명가(名家) 내림음식, 조현선

토종주

| 재료 및 분량 |

밑술 : 찹쌀 2kg, 누룩 1kg, 물 2.5ℓ
덧술 : 찹쌀 4kg, 물 8ℓ, 생강 100g, 계피 100g, 구기자 100g, 대추 200g

| 만드는 방법 |

밑술
1. 찹쌀을 깨끗이 씻어 물에 담갔다가 건져 찜통에 쪄 식힌 후에 누룩과 물을 넣어 버무려 항아리에 담는다.
2. 20~25℃ 되는 곳에서 이불로 싸 3~5일간 발효시킨다.

덧술
1. 계피는 깨끗이 씻어 물기를 없애고, 생강은 강판에 갈아 생강즙을 만들고, 대추는 찐다. 구기자는 두꺼운 팬에 타지 않게 볶았다가 식혀서 무명 자루에 네 가지 재료를 넣는다.
2. 찹쌀을 깨끗이 씻어 물에 담갔다가 고두밥을 지어 펼쳐 차게 식힌 후에 물을 붓고 잘 섞은 다음 밑술과 함께 약재 주머니를 넣어준다.
3. 20℃에서 3주 동안 발효시킨다.
4. 발효가 끝나고 맑은 술이 뜨면 주대에 넣어 채주한다.
5. 채주한 술을 소주고리에 증류한다.

*증류주는 오래두면 둘수록 더 깊은 맛이 난다.

토종주 이야기

법성 '토종' 하면 진도 홍주 못지않게 유명하다.

토종은 영광의 대표적인 술인데 전라도 술 가운데 '홍주'나 '토종'을 모르는 사람이 없을 정도다. 안동소주와 함께 전국 3대 지역 술로 꼽힌다.

토종은 증류주이며 알코올 도수는 대개 50~60% 수준이다.

영광 법성의 인근지역인 시댁에서는 토종주, 토종술이 아닌 '토종'으로 부르고 있다.

이는 밀주 단속 때문이다. 토종을 빚는 사람치고, 어려움을 당하지 않은 사람이 없었다. 시어머님도 예외는 아니었다.

남몰래 술을 빚어 집 뒤 대밭으로 이고 가시다가 뒤에서 밀주 단속하는 사람이 와서 '거 뭐요' 하고 소리치면 어머님은 놀라 술동이를 떨어뜨려 술이 땅바닥에 쏟아지는 바람에 겨우 파출소 신세를 면하기도 하셨단다. 밀주를 단속할 때는 술의 양에 따라 벌금이 주어지는데 땅 바닥에 모두 쏟아버려 양을 가늠할 수 없었기 때문이라고 하셨다.

8도의 반가(班家)·명가(名家) 내림음식, 조현선

名家 보름주

| 재료 및 분량 |

밑술 : 멥쌀 3kg, 누룩(백곡) 3.2kg, 물 4ℓ
덧술 : 찹쌀 6kg, 물 8ℓ

| 만드는 방법 |

밑술
1. 멥쌀을 깨끗이 씻어 물에 담갔다가 가루로 빻아 찜통에 쪄 식힌 후에 누룩가루와 물을 넣어 버무려 항아리에 담는다.
2. 항아리를 이불로 덮어 2일 정도 두면 품온이 오른다.
   (밑술의 완성은 3~5일)

덧술
1. 찹쌀을 깨끗이 씻어 물에 담갔다가 고두밥을 지어 펼쳐 넣어 차게 식힌 후에 밑술과 물, 누룩을 넣고 잘 섞은 다음 25℃에서 3일 동안 1차 발효시킨다.
2. 품온이 오르면 20℃ 정도에서 10여 일간 발효시킨다.

백곡띄우기
- 밀가루와 보리가루를 섞어 주먹만 하게 만들어 솔잎과 볏짚을 갈고 10여 일 정도 띄운다.
- 밀가루와 보리가루를 재료로 만든 누룩을 사용하여 술맛이 구수하고 부드럽다.
- 술이 완성되기까지 보름이 걸려 술 이름이 보름주이다.

～ 보름주 이야기 ～

보름주는 다른 술과는 달리 누룩을 거친 조곡이 아니라 분곡으로 만들어 띄워 완성되면 주대나 용수를 사용하지 않고 바로 떠먹을 수 있는 동동주이다.

항상 술이 떨어지면 안 되는 집안이라 5일에 한 번 꼴로 술을 빚는다. 밑술이 5일이면 완성되기 때문이다. 그러나 나는 밑술이 완성되는 시기를 잘 모르던 새색시 시절에는 읍내 장날에 맞추어 대략 빚었다 날짜는 몰라도 동네 분들이 장에 가시는 날은 알 수 있었기 때문이다. 저희 집 술은 그래서 보름주이다.

밑술을 빚고 장날이 한 번 지나면 또 밑술하고 먼저 장날 빚은 밑술은 다시 덧술 하고

또 그 다음 장날에는 밑술 하고, 덧술 하고 채주 하는 일은 시어머님께서 하셨다.

8도의 반가(班家)·명가(名家) 내림음식, 조현선

名家 하수오주

| 재료 및 분량 |

밑술 : 멥쌀 2kg, 누룩 1.2kg, 물 2.5ℓ
덧술 : 찹쌀 4kg, 하수오 300g, 물 5ℓ

| 만드는 방법 |

밑술
1. 멥쌀을 깨끗이 씻어 물에 담갔다가 건져 물기를 빼서 곱게 가루를 낸다.
2. 멥쌀가루로 흰무리를 찐 다음 누룩가루와 물을 넣어 되직하게 반죽하여 항아리에 담근 후 20~25℃에서 6일간 발효시켜 밑술을 만든다.

덧술
1. 하수오는 분마기에 곱게 갈아 가루로 만든다.
2. 찹쌀은 깨끗이 씻어 물에 담갔다가 고두밥을 지어 식힌 후 발효된 밑술과 물, 하수오를 넣고 버무려 항아리에 담는다.
3. 덧술하여 23~25℃의 방에서 15일간 발효시키면 하수오주가 완성된다.

*완성된 술을 채주하여 찬 곳(냉장)에 두면 후발효 되면서 숙성되어 맛이 좋아진다.

하수오주 이야기

시댁에서 처음으로 하수오를 알았다. 그냥 고구마인 줄 알고 구워 먹다가 시어머님께 크게 꾸지람을 들은 적이 있다. 가늘고 희미 고구마저럼 생겨 별스럽지 않게 여겼는데 그 알뿌리는 술을 빚는 약재인 하수오라 하는데 노인이 젊어지는 효험이 있어서 그런지 아주 값비싼 약재라 하셨다.

시어머니 시집살이 시절에는 시댁에 두 개의 벽장이 있었다고 했다. 시할아버지가 거쳐하시던 사랑채와 안방에 각각 벽상이 있었는데 안방의 벽장 속에는 여러 가지 중요한 것들이 들어있었으나 사랑채의 시할아버님 벽장에는 작은 술 항아리 한 개와 소주 항아리가 하나 있었다고 했다.

그 작은 항아리에는 시할아버님만 드시던 하수오주가 담겨져 있었고 큰 소주 항아리에는 언제나 소주가 가득했다. 시할아버님이 긴 답뱃대로 놋쇠로 만든 재떨이를 탕탕 치시면 안채에서는 작은 술상을 마련하여 사랑으로 가져갔다고 한다.

8도의 반가(班家)·명가(名家) 내림음식, 조현선

급주(동방주)

급주(동방주) 이야기

시어머니의 술 빚는 솜씨는 마을에서 정평이 날 정도로 빼어났다. 시어머니는 누룩을 거칠게 빻아 물에 하룻밤을 침국하고 다시 엿기름도 침국하여 체에 걸러낸 다음 그 물을 이용해 고두밥과 버무려 항아리에 담그신다.

농사가 많아 일꾼들이 많은 관계로 항상 새참 두 끼는 술로 내주셨다.

그 때문에 시어머니와 큰 시누는 아침상을 물리자마자 술을 걸러 아침참을 내고 돌아서서 바로 점심을 준비하였다. 점심 후에는 오후 참으로 술을 내는 일이 기다리고 있었고 다시 저녁을 준비해야 하는 고단한 삶이 이어졌다.

항상 술이 있어야 하는 일상이었기 때문에 토굴 속의 커다란 독 3~4개에는 금방 담근 술, 익어가고 있는 술, 다 익은 술 등이 가득 담겨 있었다. 한 독 비워지면 바로 채워 넣어야만 했다.

여름철에는 다 익은 술을 거르지 않고 작은 항아리에 옮겨 담아 집 앞의 천수답 논 가운데의 옹달샘에 보관하는데 동네 청년들이 밤에 몰래 나와 밀 대롱으로 독 안의 윗 술을 빨아 먹고는 물을 채워 놓곤 했다.

재료 및 분량

멥쌀 3.5kg, 누룩 2kg, 물 6ℓ, 설탕 1kg

만드는 방법

1. 누룩을 곱게 갈아 물에 4시간 정도 불려 자루에 넣고 짠다.
2. 멥쌀을 깨끗이 씻어 물에 담갔다가 고두밥을 지어 식힌다.
3. 누룩물에 식은 밥을 넣고 잘 풀어 주고 항아리에 담는다.
4. 항아리를 이불로 싸고 자주 저어준다.
5. 하룻밤이 지나면 단맛이 강한 술이 된다.
6. 솥에 술과 설탕을 넣고 끓인다.

* 술이 당화가 이루어지고 발효는 덜 되어 알코올생성이 미약하여 단맛이 있는 술에 설탕을 첨가하여 끓이면 아주 단맛이 강한 술이 된다. 특히 아녀자들이 식혜와 같이 즐겨 먹었던 술이다.
* 고두밥이 아닌 식은 밥을 사용하며, 하루 만에 급히 만들어 지는 술이라 하여 급주이다.

8도의 반가(班家)·명가(名家) 내림음식, 조현선

名家 매실 약주

| 재료 및 분량 |

매실 4kg, 황설탕 2kg
당귀 300g, 천궁 300g, 구기자 300g, 인삼 100g, 소주 1.8ℓ

| 만드는 방법 |

1. 좋은 매실을 골라 깨끗이 씻은 후 물기를 제거한다.
2. 항아리에 매실을 넣어 설탕을 부어 매실이 위에서 보이지 않도록 한다.
3. 항아리를 봉하여 냉암소에 100일간 둔다.
4. 매실 엑기스가 되면 여기에 소주와 준비한 약재를 넣고 한 달간 숙성시킨다.

매실약주이야기

매실주는 쉽게 말해 매실을 설탕과 함께 소주에 담가 익힌 한국의 과실주이다. 소주에 과실을 담가 일정기간(3개월 정도)이 지난 후 과실을 건져내고 숙성시켜야 좋은 품질의 매실주가 된다. 매실주용 과실은 엑기스용의 청매보다 늦은 과실로 정백색을 띤 것이 알맞다. 너무 일찍 수확한 푸른 과실은 매실주 색깔이 불량하고 쓴맛과 떫은맛이 있으며, 완숙된 과실은 발효가 빠르고 색깔이 고우면서도 쓴맛도 적어 좋지만 혼탁하기 쉽고 신맛이 적어 매실주 본래의 가치는 적다. 노랗게 숙성되기 전 상태의 청매실을 이용해서 매실주를 담는다.

담그는 시기는 6월 중순이 가장 좋다. 매실주는 우리 집안에서 남자들이 담그는 술이다. 남자들이 담그는 술이라 해도 밑 준비는 여전히 여자들의 몫이다. 좋은 매실을 준비해 잘 손질하여 설탕을 넣고 100일 동안 보관을 해두어야 한다.

한 번은 이런 일이 있었다.

매실을 침지해 둔지 한 달 정도 지났을 무렵 동네어른 한분이 속 앓이를 하신다는 이야기를 전해들은 시어머니께서 매실이 좋다는 말에 매실 단지에서 매실을 절반이나 속 앓이 하시는 분께 가져다 드렸다. 속 앓이 하시던 분은 그 매실을 즙을 내어 마시고 병이 나았으나 문제는 우리 집 술맛이었다 .

그 해의 술맛은 형편없었지만 온 식구가 모두 기분 좋게 마셨다.

참고문헌

한국의 떡과 과즙, 강인희 지음, 대한교과서주식회사, 1997

요록(要錄), 이성우·조준하 역, 한국생활과학연구 창간호, 한양대학교 생활과학연구소, 1983

규합총서, 빙허각이씨 지음, 윤숙자 엮음, 도서출판 질시루, 2003

한국의 떡·한과·음청류, 윤숙자 지음, 지구문화사, 2004

증보산림경제, 유중임 지음, 윤숙자 엮음, 지구문화사, 2005

수운잡방, 김수 지음, 윤숙자 엮음, 도서출판 질시루, 2006

찾아보기

가

감국숙채 236
감국주 264
강반 150
강주 262
개성나물 18
개성물경단 30
개성식열무김치 26
개성우메기 28
건시단자 122
경산도식즙장 140
곤대국 68
광저기인삼영양밥 66
구기자연근정과 152
권전병 244
귀계장 250
귤병단자 120
급주 272
김치만두 184

나

노티 54

다

다시마정과 152
대추약밥 116
대추인절미 118
더덕좌반 98
도라지정과 152
도라지조청 246
도토리잘시루떡 142
돼지고기묵 234
돼지고기북어전 24
돔배기견과류찜 136
동지 102
동충하초간장 192
두부경단 80
두부장떡 64

마

마두부찜 72
마른밤죽 40
매실약주 274
메밀꼴두국수 208
메주속장 212
명태식해비빔냉면 44
모점이법 100
묘화산자 126
무범벅 52
묵밥 114

바

백김치보쌈말이 90
백자병 34
보름주 268
복령조화고 56
북어녹두전 188
북어죽 160

사

사골된장 198
사과설기 146
살구떡 148
삼색강정 128
삼색어알탕 164
삼합죽 88
상어두치 138
새송이정과 130
생콩가루북어찜 74
서미채소밥 162
서여탕 166
석감주 154
섞박지 104
송기떡 78
쇠고기두부지짐 20
수수부꾸미 220
수수조청 224
순대 48

아

약과 32
약밥 172
약초떡 222
애저찜 256
어름소편 144
어육장 190
어죽 112
연사라교 124
오이뱃두리 70
오쟁이떡 176
온조탕 58
월과채 168
유자단자 174
육포 170
육포고추장 202
육포다식 178
인삼정과 82

자

장짠지 240
장포 76
전계아법 92
조기머리다림젓 214
조기애탕 16

차

차조뽕잎인절미 50
찰옥수수범벅 218
찹쌀고추장 200
찹쌀된장 196
창포식초 248
청포묵부침개 238
칠향계 232

카

콩비지 186
콩엿 226

타

토종주 266

파

팽계법 210
편적 260
평양식메밀만두전골 46
평양온반 42
포도약밥 242
표고간장 194

하

하수오주 270
한방오골계탕 94
해물쉮박지 106
행적 96
호박선 14
혼돈병 216
홍어애탕 258
홍해삼 22

8도의 반가(班家)·명가(名家) 내림음식

2008년 5월 15일 초판 1쇄
2012년 2월 27일 초판 2쇄

지은이 윤숙자 외 10인
펴낸이 윤숙자
펴낸곳 도서출판 질시루, (사)한국전통음식연구소
출판등록 1999년 2월 22일 제 2-2757호
주소 서울시 종로구 와룡동 164-2 인산빌딩
전화 02-741-5411 **팩스** 02-741-7848
홈페이지 www.kfr.or.kr
기획·진행 고승혜, 박동화
디자인·판매대행 인디콤(02-3141-9706)
사진 백경호
인쇄 삼성인쇄(주)

값 26,000원
ISBN 978-89-92881-02-9

*잘못 만든 책은 구입하신 곳에서 바꾸어 드립니다.
*이 책에 실린 모든 내용(글·사진)의 저작권은 저작권자에게 있으며,
 서면을 통한 출판권자의 허락 없이 내용의 전부 혹은 일부를 사용할 수 없습니다.